Katharina Studtmann

Außerschulisches Lernen im Politikunterricht

KLEINE REIHE
POLITISCHE BILDUNG

Katharina Studtmann

Außerschulisches Lernen im Politikunterricht

Herausgegeben von Gotthard Breit, Ursula Buch (†), Bernward Debus und Peter Massing

WOCHEN SCHAU VERLAG

Bibliografische Information der Deutschen Nationalbibliothek

Die Deutsche Nationalbibliothek verzeichnet diese Publikation in der Deutschen Nationalbibliografie; detaillierte bibliografische Daten sind im Internet über http://dnb.d-nb.de abrufbar.

Die Kleine Reihe politische Bildung wird herausgegeben von Gotthard Breit, Ursula Buch (†), Bernward Debus und Peter Massing.

www.wochenschau-verlag.de

Titelgestaltung: Wochenschau Verlag / Ohl Design
Titelbild: Museumspädagogisches Zentrum, München
Gesamtherstellung: Wochenschau Verlag
ISBN 978-3-7344-0509-9 (Buch)
ISBN 978-3-7344-0510-5 (E-Book)

INHALTSVERZEICHNIS

1. EINLEITUNG

Was heißt außerschulisches Lernen? Welche außerschulischen Lernorte sind für den Politikunterricht interessant? Wo liegen seine Chancen und Potentiale für den Politikunterricht, wo aber auch seine Herausforderungen und Grenzen? Wo und wie kann außerschulisches Lernen den didaktisch- methodischen Ansprüchen eines kontroversen, problem- und handlungsorientierten Politikunterrichts gerecht werden? Welcher Einbindung in den schulischen Unterricht bedarf das außerschulische Lernen, um zu einer Kompetenzsteigerung seitens der Schüler_innen beizutragen? Unter welchen Bedingungen besitzt außerschulisches Lernen im Politikunterricht einen Mehrwert gegenüber dem Lernen im Klassenraum?

Auf all diese Fragen sucht dieser Band Antworten: zunächst in der Zusammenfassung und Ergänzung bisheriger politikdidaktischer Überlegungen (Kapitel 2-4), darauf aufbauend in praktischen Hinweisen zur Planung, Durchführung und Nachbereitung außerschulischen Lernens (Kapitel 5) sowie schließlich in der detaillierten Darstellung und Reflexion fünf erprobter Beispiele (Kapitel 6). In der Verknüpfung von Theorie und Praxis richtet er sich damit sowohl an Studierende, Referendar_innen als auch an Lehrkräfte.

Während die Fachdidaktiken der Nachbardisziplinen Geschichte und Erdkunde dem außerschulischen Lernen größeres Interesse entgegenbringen, erfuhr es in der Fachdidaktik Politik – mit wenigen Ausnahmen[1] – vergleichsweise weniger Aufmerksamkeit[2]. Dies ist umso erstaunlicher, da die Fächer Politik und Geschichte ja gleichermaßen aus ihren „Gegenstandsgebieten heraus, [...] einen deutlichen Bezug zum gesellschaftlichen Umfeld bzw. zum außerschulischen Kontext besitzen“[3]. Umso erfreulicher ist es, dass der 2015 erschienene Band *Außerschulische*

Lernorte in der politischen und historischen Bildung von Karpa, Overwien und Plessow beginnt diese Forschungslücke zu schließen. Empirische Untersuchungen zur Wirksamkeit des außerschulischen Lernens im Politikunterricht sind jedoch weiterhin rar gesät[4].

Außerschulisches Lernen erhält dann eine Berechtigung, wenn es ihm gelingt, so die hier vertretene These, „vor Ort Erfahrungen zu vermitteln, die in der Schule selbst nicht möglich sind"[5]. Grundlegend dabei ist die Überzeugung, dass außerschulisches Lernen nicht unvorbereitetes, aktionistisches Tun sein darf. Vielmehr sollte es unbedingt in schulisches Lernen sinnvoll eingebunden sein. Dies setzt eine sorgfältig geplante Vorbereitung, Durchführung und Nachbereitung voraus. Ohne diesen Dreischritt mögen Exkursionen den Lernenden zwar häufig Spaß machen, aber es ist leider auch wahrscheinlich, dass sie so nur wenig zu einem Lernzuwachs beitragen. Zur entscheidenden Einrahmung des außerschulischen Lernens durch den schulischen Unterricht gibt dieser Band zahlreiche praktische Hinweise und Anregungen.

Im Rahmen einer Abordnung an die universitäre Fachdidaktik Politik habe ich seit drei Jahren die Chance, die in zwölf Jahren Lern- und Lehrtätigkeit an verschiedenen Schulformen gemachten Erfahrungen mit theoretischen Überlegungen abzugleichen, sie zu sortieren, sie gemeinsam mit Studierenden zu hinterfragen und zu erweitern. Dabei bleibt mein Bezugspunkt aber stets die Unterrichtspraxis. Diese zu verstehen, zu bereichern, im besten Fall zu verbessern, ist mein Ziel. Folgerichtig sind alle im Praxisteil ausführlich vorgestellten Beispiele außerschulischen Lernens bereits erprobt. Sie stehen in ihren Potentialen und Grenzen sowie in ihrer Übertragbarkeit auf ähnliche Fragestellungen, verwandte Orte oder vergleichbare Methoden auf dem Prüfstand. So soll es im Sinne des exemplarischen Lernens möglich sein, durch die Lektüre dieses Bandes auch wertvolle Hinweise zum außerschulischen Lernen im Politikunterricht zu gewinnen, selbst wenn Lehrkräfte an Ihrem Arbeitsort andere außerschulische Lernorte vorfinden.

Dass sich alle Praxisbeispiele in Berlin befinden, ist nicht Berliner Selbstverliebtheit geschuldet, sondern hat drei Gründe: Zum Einen besitzt Berlin eine unvergleichlich große Auswahl verschiedenster außerschulischer Lernorte, von denen zahlreiche auch für den Politikunterricht von Interesse sind. Zum Zweiten können sie im Rahmen einer Klassenfahrt in die Hauptstadt auch von Nicht-Berlinern besucht werden. Drittens lebe und arbeite ich in Berlin, hier besuche ich mit meinen Schüler_innen und Studierenden diese Lernorte.

Wenn Sie bereits Erfahrungen haben mit der Integration außerschulischer Lernorte in Ihren Politikunterricht, hoffe ich, Ihnen weitere, aktuelle Anregungen geben zu können. Sollten Sie bisher seltener den Schritt hinaus aus der Schule gewagt haben, mögen meine Ausführungen eine Ermutigung bieten und Vorfreude wecken, dies zu erproben:

Raus aus dem Klassenzimmer! Rein in die Welt!

Katharina Studtmann
Berlin im Mai 2017

Anmerkungen

1 u.a. Ackermann 1988, Grillmeyer/Wirtz 2006 und 2008, Detjen 2013 und Juchler 2013
2 Cuipke 2014, 501 und Meseth 2008, 75
3 Karpa/Overwien/Plessow 2015a, 7
4 Detjen 2013, 211, Ausnahmen bilden z.B. Meseth 2008, Moegling und Brandt 2015 sowie Karpa 2015
5 Thomas 2009, 284

2. BEGRIFFSKLÄRUNG UND KATEGORISIERUNG

Was heißt außerschulisches Lernen?

Weder die allgemeine Didaktik noch die Fachdidaktik Politik haben sich bisher auf eine einheitliche Definition der Begriffe *Außerschulische Lernorte* bzw. *Außerschulisches Lernen* verständigt. Vielmehr ist eine „regelrechte Begriffs- und Definitionsvielfalt“ (Sauerborn/Brühne 2014, 11) erkennbar. Im Folgenden werden wesentliche Aspekte dieser Begriffsvielfalt vorgestellt, ausgehend von älteren Überblicksdarstellungen hinführend zu neueren, fachspezifischen Analysen.

In dem von Sauerborn und Brühne verfassten, fächerunspezifischen „Klasssiker“ „Didaktik des außerschulischen Lernens“ (2014 in 5. Auflage) wird „außerschulisches Lernen“ zunächst allgemein als „alle bildenden Aktivitäten außerhalb der Schule“ bestimmt (Sauerborn/Brühne 2014, 11). Die Autoren grenzen diese weite Definition sogleich auf „alle Unterrichtsstunden, die außerhalb des Klassenzimmers stattfinden“ ein und betonen zugleich, dass sie „häusliches Lernen“ (Sauerborn/Brühne 2014, 11) ausklammern:

> *„Außerschulisches Lernen findet immer dann statt, wenn sich Schüler außerhalb des Schulgebäudes oder außerhalb des schulischen Rahmens mit einem originalen Lerngegenstand unter gezielter pädagogischer Anleitung auseinandersetzen“ (Sauerborn/Brühne 2014, 11).*

So eindeutig die Ortsbestimmung „außerhalb des Schulgebäudes“ ist, so unbestimmt erscheint der Aspekt „außerhalb des schulischen Rahmens“, der auch keine weitere Erläuterung erfährt. Vermutlich ist damit der klassische, zeitliche und organisatorische Schulrahmen von Stunden, Pausen und Fächern gemeint. In der Ergänzung „unter gezielter pädagogischer Anleitung" wird deutlich, dass die Autoren das informelle, nicht-intentionale Lernen – also z. B. innerhalb der Familie oder mit neuen Medien – aus ihrer Definition des außerschulischen Lernens ausgrenzen. Diesem gehe zwingend eine „didaktische Analyse samt Aufbereitung des Lerngegenstands" (Sauerborn/Brühne 2014, 11) voraus, welche die Autoren als Voraussetzung außerschulischen Lernens bestimmen. Was sie unter „einem originalen Lerngegenstand" verstehen, erläutern sie kurz darauf: Der Kontakt mit dem Lerngegenstand müsse nicht zwangsläufig ein unmittelbarer Kontakt sein, sondern er könne auch medial vermittelt sein, z. B. durch Gegenstände, Bilder, didaktische Modelle oder Karten. Abschließend beleuchten sie die Frage der Methodik, wenn sie „freies und offenes Lernen vor Ort" (S. 11) sowie Selbstständigkeit und Mitbestimmungsmöglichkeiten des Lernprozesses seitens der Lernenden fordern (vgl. S. 12).

Einen ebenfalls breiten Fächerzugriff bieten die Schweizer Didaktiker Messmer, von Niederhäuser, Rempfler und Wilhelm in ihrem 2011 erschienenen Band „Ausserschulische Lernorte – Positionen aus Geographie, Geschichte und Naturwissenschaften". Dort vertreten sie eine weite Begriffsdefinition „Ausserschulischer Lernorte":

> *„Orte ausserhalb des Schulhauses, an denen Personen jeglichen Alters im Rahmen formaler, non-formaler oder informeller Bildung lernen können. Konstitutiv für diese Lernorte ist die Möglichkeit der unmittelbaren Begegnung mit einem Lerngegenstand und/oder Sachverhalt. Ausserschulisches Lernen findet statt, wenn solche Begegnungen – bewusst oder unbewusst – in den Lernprozess integriert sind und zu einem Kompetenzerwerb beitragen. Dies kann in originaler Begegnung geschehen, wenn der Lerngegenstand bzw. Sachverhalt in seiner ursprünglichen Situation eingebettet ist (Bachlauf, Nationalpark, Landwirtschaftsbetrieb, Kraftwerk, Denkmal etc.). Als Ausserschulische Lernorte eignen sich auch Orte, an denen Lerngegenstände bzw. Sachverhalte dekontextualisiert und in künstlicher Umgebung*

> *vorliegen (Museen, historische Archive). Ausserschulische Lernorte lassen sich weiter nach dem Grad der methodisch-didaktischen Aufbereitung unterscheiden. Die Spannbreite reicht von fehlender Didaktisierung (bspw. Altstadt, Wirtschaftsbetrieb) bis zu Lernorten, die eigens für das Lernen geschaffen werden (Science Center, Lehrpfad, Lernlabor etc.). Nach diesem Begriffsverständnis eignen sich Ausserschulische Lernorte für alle Schulfächer und-stufen." (Messmer u. a., 2011, 7)*

Sie beziehen sowohl schulisch intendiertes und als auch von Schule unabhängiges Lernen, sowohl intentionales als auch informelles Lernen mit ein. Zentral ist ihnen einzig die „unmittelbare Begegnung" mit dem Lerngegenstand/Sachverhalt, welche aber – genau wie bei Sauerborn und Brühne – eine originale oder dekontextualisierte sein kann. Auch in Bezug auf den Grad der methodisch-didaktischen Aufbereitung haben Messmer u. a. ein weites Verständnis von außerschulischen Lernorten, wenn sie sowohl nicht-didaktisierte als auch didaktisierte Lernorte einbeziehen.

Auch der Band „Außerschulische Lernorte" von Karpa, Lübbecke und Adam (2015) bietet einen viele Fächer umfassenden und zudem aktuellen Überblick zur Theorie, Praxis und Erforschung außerschulischer Lerngelegenheiten, so der Untertitel des Bandes. In ihrer Einleitung grenzen die Autoren, genau wie Sauerborn und Brühne, außerschulisches Lernen, im Sinne von Lernen außerhalb der Schule und nicht seitens der Schule initiiert, z. B. im familiären Kontext oder in nicht-schulischen Institutionen wie Jugendarbeit oder Nachhilfeinstitutionen, von schulisch initiiertem Lernen außerhalb der Schule deutlich ab. Als Kernmerkmal des außerschulischen Lernens, bestimmen sie, dass „der Unterricht an externen Orten stattfindet" (Karpa/Lübbecke/Adam 2015, S. 12). Schulische Intention und schulische Relevanz sind in ihrem Verständnis Bedingungen des außerschulischen Lernens.

In eben diesem Überblicksband widmet der Geschichtsdidaktiker Oliver Plessow einen gesamten Aufsatz dem Begriff *außerschulisch* (Plessow 2015). Er unterscheidet zwei Verwendungsweisen dieses Begriffs, die schulbezogene sowie die schulkomplementäre. Die schulbezogene Verwendungsweise meint „von der Schule verantwortete Lernaktivitäten außerhalb des Klassenraums und Schulgeländes" (Plessow 2015, 17), die schulkomplementäre Verwendung berücksichtigt „das Engagement nicht-schulischer Bildungsakteure" (Plessow 2015, 17).

> *„Bei der schulbezogenen Verwendung des Begriffs wird an ein schulisch organisiertes und verantwortetes Lernen gedacht, bei dem Lehrende den Unterricht aus dem Klassenraum herausverlagern und entweder selbst den Lehr-Lern-Prozess einleiten oder aber mit Schülerinnen und Schülern einen Ausflug zu einem pädagogisch betreuten Lernort unternehmen". (Plessow 2014, 139, zitiert nach Plessow 2015, 19)*

Genau wie Karpa, Lübbecke und Adam verweist Plessow hier auf die schulische Intention des außerschulischen Lernens. Anders ist dies bei dem schulkomplementären außerschulischen Lernen:

> *„Bei der schulkomplementären Verwendung von „außerschulisch" bezieht sich der Begriff „auf alle jene von Institutionen bereitgestellten Bildungsangebote, die komplementär zur Schule mit der Freizeit der Jugendlichen (oder auch von Erwachsenen) arbeiten." (Plessow 2014, 141, zitiert nach Plessow 2015, 20)*

Definition in der Politikdidaktik

Neben dem fächerübergreifenden Überblicksband von Karpa, Lübbecke und Adam bietet Karpa in dem Band „Außerschulische Lernorte in der politischen und historischen Bildung" (2015) jüngst auch einen fächerspezifischen Zugriff. In ihm beziehen sich Karpa, Overwien und Plessow auf beide Bedeutungsebenen des Begriffs außerschulische Lernorte, den schulbezogenen und den schulkomplementären Begriff:

> *„Außerschulische Lernorte sind dadurch definiert, dass sie einerseits auf schulisches Lernen bezogen sind, das außerhalb des Schulgeländes stattfindet, andererseits aber auch Aktivitäten von nicht-schulischen Bildungsakteuren wie Vereinen, Volkshochschulen, Parteien und Vergleichbarem meinen können, die in Kooperation mit der Schule, aber eben auch völlig schulfern erfolgen können."*

Innerhalb der politikdidaktischen Forschung war Ackermann der Erste, der sich intensiv mit der Thematik der „Außerschulischen Lernorte im Politikunterricht“, so der Untertitel seines Bandes „Politisches Lernen vor Ort“ (1988), beschäftigte.

Er verwendet den Begriff ausschließlich schulbezogen und definiert das „Lernen vor Ort“

- räumlich, als das Verlassen der Schule zugunsten des Aufsuchens von Orten, an denen Inhalte und Probleme dort „bearbeitet werden, wo sie direkt gesehen, studiert, unterrichtet werden können“,
- methodisch, als „die Durchführung und Auswertung eigener Untersuchungen „vor Ort“
- und in seiner Sozialform, als „das Lernen und Zusammenleben in der Gruppe außerhalb der Schule“ (Ackermann 1988, 8 f.).

Ackermanns zentralen Begriff der *Erkundung* greift Detjen (2013, Erkundungen und Sozialstudien, erstmals 2004) wieder auf. Er verweilt nicht lange bei definitorischen Überlegungen, sondern verwendet den Begriff genau wie Ackermann einzig im schulbezogenen Sinne:

> *„Der Politikunterricht findet üblicherweise im Klassenraum statt. Einen sinnvollen und ertragreichen Politikunterricht kann man aber auch außerhalb der Schule durchführen.“ (Detjen 2013, 195).*

Unter dem Oberbegriff *Exkursion* versammelt er so unterschiedliche Unterrichtsvorhaben wie die Erkundung, die Sozialstudie, den Unterrichtsgang, die Besichtigung, den Besuch, die Klassenfahrt und schließlich Schullandheimaufenthalt.

Zusammenfassung und eigene Definition

Die dargestellten Begriffsdefinitionen außerschulischer Lernorte bzw. des außerschulischen Lernens stimmen alle in zwei Aspekten überein: Es geht stets um eine unmittelbare Begegnung mit dem Lerngegenstand, jedoch außerhalb des Ortes Schule. Der Wortbaustein „außer-“ ist allerdings der einzige, für den Begriffseinigkeit herrscht.

Die anderen Wortbestandteile hingegen bieten Raum für Bedeutungsvielfalt. So wird das Adjektiv „schulisch“ einerseits als

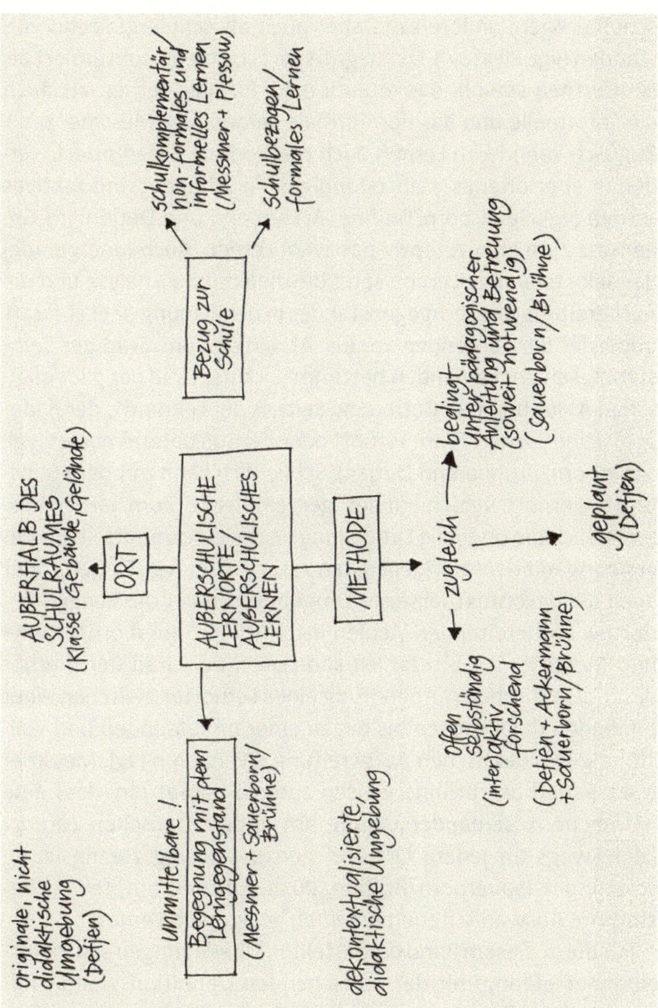

Abb. 1: Begriffserklärung *Außerschulische Lernorte* **und** *Außerschulisches Lernen*

schulbezogen, andererseits aber auch als schulergänzend verstanden (vgl. Plessow). Der Begriffspart „Lern(en)" subsumiert als Lernformen sowohl das intentionale, formale Lernen als auch das informelle und das non-formale Lernen (vgl. Messmer u.a.). Zugleich kann beim Lernen auch methodisch differenziert werden in eher offenes, selbstständiges, forschendes, interaktives Lernen (vgl. Sauerborn/Brühne, Ackermann und Detjen) im Gegensatz zum eher rezeptiv-passivem Lernen. Auch (und gerade) das selbstständige Lernen setzt die didaktische Analyse und die Aufbereitung des Lerngegenstandes in der Planung der Lehrkraft und/oder der Lernenden voraus. Abhängig vom Grad der Selbständigkeit der Lernenden bestimmt sich der Grad der pädagogischen Anleitung und Betreuung seitens der Lehrkraft, der pädagogischen Fachkraft am Lernort oder der SuS untereinander (vgl. Sauerborn/Brühne und Detjen). Schließlich kann mit dem Substantiv Lernort verschiedenes gemeint sein. Zum einen ausschließlich die originale Umgebung, in der eine unmittelbare Begegnung mit dem Lerngegenstand stattfindet (vgl. Detjen), oder auch die dekontextualisierte Umgebung, in der die Begegnung mittels aufbereitender Medien erfolgt (vgl. Sauerborn/Brühne und Messmer u.a.). Letztlich kann auch der Grad der methodisch-didaktischen Aufbereitung eines Lernortes zwischen einer fehlenden didaktischen bis hin zu einer umfassenden und vollständigen didaktischen Aufbereitung divergieren (vgl. Messmer u.a.). Sauerborn/Brühne weisen zurecht darauf hin, dass eine lehrreiche Auseinandersetzung am außerschulischen Lernort keineswegs an jedem Ort und genauso wenig zwangsläufig stattfindet (Sauerborn/Brühne, 2014, 12) und empfehlen bestimmte Auswahlkriterien für einen geeigneten Lernort.

Für die in diesem Band dargestellten Überlegungen soll in Auseinandersetzung mit der herrschenden Definitionsvielfalt folgender Begriff des außerschulischen Lernens bzw. der außerschulischen Lernorte gelten:

Außerschulisches Lernen wird verstanden als schulbezogenes, d.h. von schulischem Lernen initiiertes und in dieses eingebundenes Lernen, welches an einem außerhalb des Schulgeländes liegen-

dem Ort stattfindet. Der außerschulische Lernort ermöglicht eine unmittelbare, (inter-)aktiv-forschende und weitgehend selbstständige Begegnung der Lernenden mit dem Lerngegenstand, sei es im originalen oder dekontextualisierten Zusammenhang und kann (mehr, weniger oder gar nicht) didaktisch aufbereitet sein.

Wie lassen sich außerschulische Lernorte einteilen?

Angesichts der unterschiedlichen Definitionen außerschulischer Lernorte bzw. des außerschulischen Lernens verwundert es nicht, dass die Autoren auch unterschiedliche Kategorisierungen entwerfen.

So unterscheidet Detjen (2013, 195-197) unter dem Oberbegriff Exkursion im Wesentlichen drei Formen außerschulischen Lernens: die Besichtigung, die Erkundung und die Sozialstudie. Unterscheidungsmerkmale zwischen diesen drei Exkursionsformen sind a) der Grad der Aktivierung der Lernenden, b) der didaktische Anspruch der Exkursion und c) ihr Zweck. Er definiert die Erkundung, gestützt auf die Definition von Meyer (1994, 327), als „sinnlich-anschaulich[e] Begegnung mit Natur- und Baudenkmälern, mit der Landschaft [...], aber auch mit den in dieser Landschaft lebenden und arbeitenden Menschen, also mit Experten, Kommunalpolitikern, mit Einwohnern, mit Institutionen, Behörden und Verkehrseinrichtungen" (Detjen 2013, 195). Für Erkundungen stellt Detjen drei „zentrale Merkmale" (vgl. Detjen 2013, 195 f.) auf:

1. die „Realitätsbegegnung mit der Alltags- und Umgebungswelt der Lernenden" oder anderen Weltausschnitten, die stets der unmittelbaren Aneignung und nicht der symbolisch vermittelten Erfahrung der Wirklichkeit dienen soll,
2. die möglichst selbstständige und meist arbeitsteilige Interaktion, sowohl der Lernenden untereinander in der Planung und Auswertung der Erkundung als auch mit den Menschen vor Ort in der Durchführung der Erkundung,
3. die intensive, im Idealfall von Lehrkräften und Lernenden gemeinsam verantwortete Planung, die jeder Erkundung vorausgehen und eine Fragehaltung, das „Wissenwollen" der Lernenden, evozieren soll.

In Abgrenzung zur Erkundung ist die Besichtigung laut Detjen didaktisch weniger fordend, die Sozialstudie hingegen weitaus anspruchsvoller. In der Besichtigung beobachten und erleben die Schülerinnen und Schüler (im Folgenden SuS abgekürzt) inszenierte Handlungen, wie z.B. eine Gerichtsverhandlung. Dabei bleiben sie jedoch meist passiv-rezeptiv, ohne in den Handlungsablauf eingreifen oder Fragen stellen zu können. Ihre schriftlich oder bildlich festgehaltenen Beobachtungen können erst nach der Besichtigung ausgewertet werden. Die Sozialstudie hingegen versteht Detjen als eine Erweiterung der Erkundung. Er bestimmt sie als „systematisch angelegte Erforschung eines sozialen Sachverhaltes oder sozialer Zusammenhänge“, welche auf der „stringenten Anwendung wissenschaftlicher Vorgehensweisen“ beruhe und damit „wissenschaftspropädeutischen Charakter“ trage (Detjen 2013, 197).

Kategorisierung außerschulischer Lernorte nach Detjen

	Besichtigung	Erkundung	Sozialstudie
Beispiele	• Führung durch einen Betrieb • Beobachtung einer Gerichtsverhandlung	• Rathauserkundung mit Befragung der Mitarbeiter_innen • Kiezerkundung mit Befragung der Anwohner_innen	• Umfrage zum Wahlverhalten von Jungwählern • Feldforschung zur Landflucht im ländlichen Raum
Grad der Aktivierung der Lernenden	• SuS in passiv-rezeptiver, beobachtender Rolle • Selbstdarstellung des Ortes • Ablauf meist nicht beeinflussbar	• fragend-entdeckendes Lernen • SuS treten mit eigenen Fragestellungen an Gesprächspartner/den Lernort heran • interaktiv und kommunikativ	• Anwendung sozialwissenschaftlicher Forschungsmethoden

	Besichtigung	Erkundung	Sozialstudie
didaktischer Anspruch	gering	mittlerer Grad	hoch
Zweck	Informationsbeschaffung	Informationsbeschaffung	Informationsbeschaffung und Wissenschaftspropädeutik

Tabelle 1: eigene Darstellung nach Detjen (2013, 196 f.), Beispiele z. T. ergänzt

Messmer u. a. differenzieren anhand der Art der Begegnung der Lernenden mit dem Lerngegenstand zwischen „originaler Begegnung" und Begegnung „in künstlicher Umgebung" sowie abhängig vom Grad der methodisch-didaktischen Aufbereitung zwischen „fehlender Didaktisierung" und „Lernorten, die eigens für das Lernen geschaffen werden" (Messmer u.a 2011, 7).

Kategorisierung außerschulischer Lernorte nach Messmer

	Originale Begegnung	Begegnung in künstlicher Umgebung
Beispiel	Denkmal, Betrieb	Museum, Lernlabor
Unmittelbarkeit der Begegnung	Lerngegenstand in seiner ursprünglichen Situation	Lerngegenstand in einer dekontextualisierten, künstlichen Umgebung
Grad der methodisch-didaktischen Aufbereitung	fehlende Didaktisierung	Lernort, der eigens für das Lernen geschaffen wird

Tabelle 2: eigene Darstellung nach Messmer u. a. (2011, 7), Beispiele auf den Politikunterricht angepasst

Sauerborn/Brühne schließlich unterscheiden drei Formen des außerschulischen Lernens am Kriterium der „Lernstruktur“, d.h. der didaktisch-methodischen Offenheit in der Vorbereitungs- und Durchführungsphase der Exkursion.

Kategorisierung außerschulischer Lernorte nach Sauerborn/ Brühne

	freies/offenes Lernen	gemischtes Lernen	definiertes/ strukturiertes Lernen
	freie Lernorte		**gebundene Lernorte**
Beispiel	Stadtteil, Kiez, Wohnsiedlung	Lehr-, Lern-, Erlebnispfad	Museum, Rathaus, Betrieb
Vorbereitung	Verlauf kaum vorstrukturiert	Lernangebot in gewissem Maße vorstrukturiert	ausführliche Planung und Aufbereitung
Durchführung	Lernprozess wird von der Lerngruppe vor Ort selbst bestimmt	speziell auf die Lerngruppe zugeschnittene Verlaufsstruktur mit offenen und geschlossenen Lernphasen	Lernprozess ist vorgezeichnet, Lernmaterialien sind speziell aufgearbeitet und bilden ein konkretes Lernangebot

Tabelle 3: eigene Darstellung nach Sauerborn/Brühne (2014, 32), Beispiele auf den Politikunterricht angepasst

Beim freien bzw. offenen Lernen (Sauerborn/Brühne 2014, 32) ist der Lernprozess am außerschulischen Lernort nicht durchstrukturiert, selbst wenn es didaktisch aufbereitetes Material zu eben diesem Lernort gibt. Die Verlaufsstruktur ist grundsätzlich offen. „Definiertes, strukturiertes Lernen“ (Sauerborn/Brühne 2014, 32) hingegen ist gekennzeichnet durch einen genau geplanten und feststehenden Lernprozess mit eigens auf den Lernort zugeschnittenen Materialien. Die Form des „gemischte[n]

Lernen[s]" (Sauerborn/Brühne 2014, 32) verbindet offene und geschlossene Lernphasen. Der Lernort gibt durch seinen Rahmen Lernangebote vor, die für die jeweilige Lerngruppe individuell ausgewählt werden können.

3. DIE POTENTIALE AUSSERSCHULISCHEN LERNENS

Das Interesse der Pädagogik am außerschulischen Lernen ist keineswegs neu. Schon in der Aufklärung sind es, die inzwischen als Klassiker der Pädagogik bekannten, Comenius, Rousseau und Pestalozzi, die Realbegegnung und die Verknüpfung von Sache und Wort (res et verba) fordern (Ackermann 1988, 10). Auch die deutsche Reformpädagogik macht das außerschulische Lernen zu einem ihrer zentralen Elemente mit dem Ziel, „von der Sitz-, Buch- und Paukschule" zur „Wiederherstellung der Einheit von Leben und Lernen" zu finden (Thomas 2009, 283, zitiert nach Karpa/Lübbecke/Adam (2015, 12). Schließlich greift die „Entschulungsdebatte in den 70er Jahren" erneut das außerschulische Lernen als Impuls auf (Ackermann 1988, 12).

Die Potentiale des Lernens an außerschulischen Lernorten, welche gegenwärtig diskutiert werden, sind vielfältig. Einige Potentiale werden dabei für den Politikunterricht genauso wie für andere Fächer geltend gemacht, andere speziell für diesen. Im Folgenden werden zunächst die allgemeinen Potentiale, dann die fachspezifischen Chancen vorgestellt. Zur Illustration dienen jedoch von Beginn an Beispiele aus dem Politikunterricht.

Welche Potentiale besitzt außerschulisches Lernen im Allgemeinen?

Originale Begegnung

An einem nicht-didaktisierten außerschulischen Lernort können Schülerinnen und Schüler Lerngegenständen in ihrer originalen Umgebung begegnen. So erforschen sie z. B. bei einer Betriebserkundung Arbeitsformen und -bedingungen nicht aus „2. Hand" und über Texte, Graphiken oder Filme medial vorstrukturiert, sondern im „Original". Bei einem Besuch des Bundestages beispielsweise erleben SuS „live und in Farbe" den Abschluss eines politischen Aushandlungsprozesses in einer Parlamentsdebatte, sie können im Bundestag eine Abgeordnete oder in der Nähe des Bundestag Lobbyisten oder Journalisten genau an den Orten befragen, wo Politik gemacht und diese medial vermittelt wird. Die „originale Begegnung" kann dabei nicht nur die Neugierde der Lernenden und ihre Fragehaltung steigern (Sauerborn/Brühne 2014, 11). Sie ist auch in der Lage, den „Verlust an unmittelbaren Erfahrungen" (Rathenow 1988, 94f. zitiert nach Detjen 2013, 199) in einer zunehmend mediatisierten Welt durch die direkte Beschäftigung mit dem realen Anschauungsobjekt in einem gewissen Maße zu kompensieren. Primärerfahrungen bilden nach Schockemöhle die Basis für anschlussfähiges Wissen sowie die Entwicklung von Werten und Einstellungen (Schockemöhle 2009, 8, zitiert nach Karpa/Lübbecke/Adam 2015, 13). An didaktisierten Lernorten, wie z.B. in einem Museen, ist die originale Begegnung jedoch nicht mehr möglich, da der Lerngegenstand hier aus seiner ursprünglichen Umgebung gelöst und in einen neuen Kontext gestellt wird. Gedenkstätten, wie z.B. die Gedenkstätte Berlin Hohenschönhausen auf dem Gelände der früheren zentralen Untersuchungshaftanstalt des Ministeriums für Staatssicherheit, bilden hierbei Mischformen. Am originalen Ort sind zwar materielle Überreste des Lerngegenstandes sichtbar, in diesem Fall Gefängnisgebäude u.a. mit Zellen, Verhörräumen und Krankenhaus. Die immateriellen Wissensbezüge, hier Formen und Folgen politischer Verfolgung in der DDR, werden aber in der Regel durch Ausstellungen, Führungen, Zeitzeugenbefragungen oder gedenkstättendidaktische Programme vermittelt.

Ganzheitliches Lernen

Außerschulische Lernorte regen gezielt verschiedene „Wahrnehmungs- und Lernkanäle" an (Sauerborn/Brühne 2014, 13) und fördern im „mehrdimensional-ganzheitlichen Lernen" die „Aktivierung mehrerer Sinne" (Detjen 2013, 212). Ganzheitliches Lernen am außerschulischen Lernort lässt, laut Grillmeyer, „[k]ognitive Wissensbestände, emotional-affektive Auseinandersetzung mit dem Lerngegenstand und soziale Lernprozesse [...] sinnvoll ineinander" greifen, wobei die „Authentizität des Ortes" in besonderer Weise ganzheitliches Lernen unterstütze (Grillmeyer 2006, 17). Das Lernen mit allen Sinne entspricht zudem den Anforderungen an einen erweiterten Lernbegriff und kommt vor allem dem praktisch-anschaulich-Lernenden entgegen, der sich im ausschließlich theoretisch-systematischen Lehrgangsunterricht schwer tut. So fließen z.B. in der Besichtigung einer Kläranlage oder einer Müllverwertungsanlage vielfältige visuelle, akustische, olfaktorische, ggfs. auch taktile Wahrnehmungen mit ein. Die hohe Anschaulichkeit am außerschulischen Lernort macht sonst abstrakte oder theoretische Lerngegenstände erfahrbar, fördert die Behaltenswirksamkeit und macht Lernen damit nachhaltiger (Messmer u.a. 2011, 9 und Pleitner 2012, 294). Detjen weist in diesem Zusammenhang auf die wohlbekannten Erkenntnisse der Lernpsychologie hin, nach der Lernende nur ca. 20 Prozent von dem behalten, was sie nur hören, aber ca. 80 Prozent von dem, was sie tun (Detjen 2013, 212). Ein weiterer Aspekt ganzheitlichen Lernens liegt auch in einem stärkeren Einbezug von Emotionen in den Lernprozess. Der Besuch einer Theateraufführung mit einem unmittelbaren inhaltlichem Bezug zu politischen Themen oder das Sehen eines Spiel- oder Dokumentarfilmes in seiner ganzen Länge im Kino birgt die Chance, Lernende zunächst auch emotional zu berühren und dies als Anstoß zum weiteren kognitiven Lernen zu nutzen. Hierbei ist es allerdings entscheidend, die Einhaltung des Überwältigungsverbotes des Beutelsbacher Konsenses durch die Einrahmung in eine vor- und nachbereitende kognitiv-analytisch Auseinandersetzung zu gewährleisten.

Handlungskompetenz

Handlungskompetenz ist zugleich ein Schlüsselbegriff der Pädagogik als auch eine Kernkompetenz des Politikunterrichts. Während die Lernenden im weiteren Sinne des Begriffs durch den Erwerb von Handlungskompetenz befähigt werden sollen, „sich durchdacht, selbstständig, sozial, sach- und fachgerecht im Geflecht gesellschaftlicher Interessen zu verhalten" (Sauerborn/

Brühne 2014, 10), ist mit politischer Handlungsfähigkeit im engeren Sinne das Artikulieren, Argumentieren, Verhandeln und Entscheiden gemeint (Weißeno 2012, 172). Lernen an außerschulischen Lernorte ermöglichen genau dies und zwar nicht simulativ, wie so häufig im Politikunterricht im Klassenzimmer, sondern in einer Echt-Situation in der Lebenswirklichkeit. Beispielsweise eine Akteurin einer zivilgesellschaftlichen Initiative oder die Wahlkreisabgeordnete zu befragen und mit ihr zu diskutieren, erfordert und trainiert politische Handlungsfähigkeit. Sauerborn/Brühne konstatieren, dass jede „handelnde Auseinandersetzung" die Chance bietet, „lebensbedeutsame und -praktische Bezüg[e] für den Lernenden" zu erhöhen (Sauerborn/Brühne 2014, 13).

Forschend-entdeckendes Lernen

Außerschulisches Lernen bietet auch vielfältige Möglichkeiten zu einem forschend-entdeckendem und damit aktiven, mitunter kreativen Lernprozess der SuS. Wenn SuS z. B. zum Thema „Geflüchtete in Deutschland" mit Vertretern von Behörden, Vereinen, karikativen Einrichtungen, mit ehrenamtlichen Helfer_innen und Geflüchteten selbst Kontakt aufnehmen, ihnen in ihrem Arbeits- oder Lebensraum begegnen und sie begleiten und befragen, eignen sie sich einen Ausschnitt der Welt eigenständig an (Detjen 2013, 199). In diesem Moment nehmen sie einmal nicht das von Medien und Lehrkräften bereits aufbereitete Wissen auf, sie werden nicht mit Wissen „gefüttert". Statt dessen werden sie zu „Forscher_innen" und beschaffen sich ihr Wissen selber, welches dadurch zwangsläufig eine intensivere Wissensqualität erhält. Auch Messner betont die Bedeutung des selbsttätigen Lernens zur Förderung des „lebendigen" Wissens, das sich im Gegensatz zum „trägen" Wissen dadurch auszeichnet, dass es zur Problemlösung in Alltag und Beruf beiträgt (Messner 2009, 143, zitiert nach Karpa/Lübbecke/Adam 2015, 14). Zugleich stellt das selbst erforschte Wissen die mitunter konstruierte Klarheit und „Verdaulichkeit" didaktisch reduzierten Wissens in Frage, da es auch offene Fragen provoziert und zu weiteren Forschungsfragen anregt. Weiter gedacht und kontinuierlich weitergeführt kann forschend-entdeckendes Lernen lebenslanges Lernen anbahnen und die Entwicklung eines mündigen, (hinter-)fragenden Bürgers fördern.

Wissenschaftsorientierung

Das forschend-entdeckende Lernen kann, wenn es inhaltlich und methodisch anspruchsvoll gestaltet ist, sozialwissenschaftliches Methodenlernen anbahnen und damit einen Beitrag zur Wissenschaftsorientierung leisten (Detjen 2013, 213). Ein gelungenes Beispiel stellt Sönke Zankel (2012) in dem Unterrichtsprojekt „Schüler als Sozialforscher – Jugendliche und Demokratie in Deutschland" vor: Die SuS seines Profilkurses Wirtschaft/Politik befragten über 2000 SuS ihres Landkreises und ihres Alters zu ihrer Einstellung zur Demokratie. Zankel selbst betont, dass sich auch bei geringeren Befragtenzahlen und der Durchführung des Projekts beispielsweise nur in der eigenen Schule oder nur in der eigenen Jahrsgangsstufe „umfangreiche Lernchancen" ergeben, „die von der Wissenschaftspropädeutik über die Organisation eines solchen Vorhabens bis hin zur Auswertung und möglicherweise der Produktion eines längeren Textes reichen" (Zankel 2012, 24). Lernen kann so (wieder) zum Problemlösungsprozess werden und der Gefahr des „Bulimielernens" vorbeugen.

Verknüpfung von Schule und Lebenswelt

Beim außerschulischen Lernen verlassen die Lernenden ihr Schulgebäude und -gelände, häufig auch ihren Stadtteil, manchmal auch ihre Stadt. So wirkt das Lernen an außerschulischen Lernorten wie keine andere Methode der Aufhebung der Trennung zwischen schulischem Lernen und Lebenswirklichkeit entgegen (Detjen 2013, 200; Sauerborn/Brühne 2014, 14). Es beugt der Gefahr des zunehmenden „Realitäts- und Praxisbezugs" schulischer Lerngegenstände (Sauerborn/Brühne 2014, 11) vor und realisiert damit den Anspruch, nicht für die Schule, sondern tatsächlich für das Leben und im Leben zu lernen. Schule entwächst dann der „geschlossenen Lehr- und Lernanstalt" und öffnet sich ihrem Umfeld gegenüber. Der Besuch einer Ratsversammlung beispielsweise bietet zum einen Einblicke in Akteure und Abläufe kommunalpolitischer Aushandlungsprozesse. Zum anderen birgt er das Potential, dass SuS erkennen, dass Sie sich in einer Lebenswirklichkeit befinden, von der sie unmittelbar beeinflusst werden, die sie aber z. B. durch Jugendparlamente oder in Anhörungen auch direkt beeinflussen können. So hat tatsächlich die Schülersprecherin einer Berliner Grundschule (!) in einer Bezirksverordnetenversammlung für die Installierung eines Zebrastreifens und einer Ampel plädiert und so die ureigenen verkehrspolitischen Interessen ihrer Mitschüler_innen vertreten. Die oben erwähnte Handlungskompetenz erfährt in diesem Beispiel eine tatsächlich praktisch-wirksame Anwendung. Zugleich erleben SuS hautnah, dass politische Entscheidungen keine abstrakten Bestimmungen fern der Realität sind, sondern dass sie im Gegenteil sehr konkret ihr eigenes Leben bestimmen.

Schüler_innenorientierung

Außerschulisches Lernen ist durch eben diese Öffnung der Schule zur Lebensrealität und damit auch und vor allem zur Lebenswelt der SuS in der Lage dem didaktischen Prinzip der Schüler_innenorientierung gerecht zu werden (Sauerbron/Brühne 2014, 15). Wenn SuS z. B. das Kosmetik-Angebot mit bzw. ohne Mikroplastik in einem Discounter, in einem Supermarkt, einer Drogerie und einem Bioladen vergleichen und zugleich Käufer_innen nach ihren Kaufgewohnheiten und -gründen befragen, wird das theoretische Wissen um globale Probleme der Umweltverschmutzung am exemplarischen Beispiel von Plastikrückständen in Kosmetika in ihrer unmittelbaren Alltagswelt für sie erfahrbar.

Wenn außerschulisches Lernen mit der Verwendung technischer Geräte sinnvoll verknüpft wird, kommt ein zweiter Aspekt der Schüler_innenorientierung zum Tragen. Hier kann außerschulisches Lernen der ausgeprägten Technikaffinität vieler SuS entgegen kommen und sich diese für Lernprozesse nutzbar machen. Viele (neuere) didaktisierte Lernorte, wie z. B. die Ausstellung „Erlebnis Europa“ in Berlin, sind reich bestückt mit elektronischen Medien wie Einführungsfilmen und Computer-Touchscreens, z. T. arbeiten sie mit Soundeffekten und Hörführungen. Dies wirkt zwar keineswegs einer Mediatisierung entgegen, kann jedoch im Sinne der Schüler_innenorientierung und der Berücksichtigung verschiedener Lerntypen gewinnbringend sein. Auch der von einer Smartphone-App angeleitete Stadtteilrundgang oder Museumsrundgang (z. B. „App durchs Museum, Die Action-Schnitzeljagd 2.0" des Jüdischen Museums Berlin) trifft mit hoher Wahrscheinlichkeit auf höhere Begeisterung bei den Lernenden als die herkömmliche Papiervariante.

Motivation

Allen bisher angeführten Potentialen außerschulischen Lernens ist gemeinsam, dass sie auf nahezu alle SuS eine motivationssteigernde Wirkung entfalten. Wenn Lernende dem Lerngegenstand im Original begegnen, ihn mit allen Sinnen, mit „Kopf, Herz und Hand" erfassen, wenn sie politische Sachverhalte aktiv-entdeckend in ihrer alltäglichen Lebenswelt erforschen, vielleicht sogar mit Hilfe moderner technischer Geräte, so ist das sicherlich mit einem höheren Aufforderungscharakter und in aller Regel mit höherer Motivation verknüpft.

Fächerübergreifendes Lernen

Außerschulisches Lernen eignet sich in ausgezeichneter Weise zum fächerübergreifenden Lernen, ist doch der außerschulische Lernort in seiner Struktur nicht auf ein Fach begrenzt, sondern überschreitet meist die seitens der Schule gezogenen Fächergrenzen (Sauerborn/Brühne 2014, 16 sowie Karpa/Overwien/Plessow 2015, 7). Bei der Auseinandersetzung mit Straßenumbenennungen beispielsweise ist der Politikunterricht eng verzahnt mit dem Geschichts- und Geographieunterricht, bei der Erkundung von Denkmälern oder politischer Architektur kommt zudem der Kunstunterricht ins Spiel (Wirtz 2006), bei einer Betriebserkundung können politische Fragestellungen mit Elementen der Berufswahlvorbereitung verknüpft werden[1].

Vielfältige Kompetenzerweiterung

Aus kompetenzorientierter Perspektive werden im außerschulischen Lernen neben der Fachkompetenz auch die Methoden- sowie die Sozialkompetenz geschult (Sauerborn/Brühne 2014, 10).

Das sozialwissenschaftliche Methodenlernen (Beobachten, Lesen, Zählen, Messen, Befragen, Interviewen, Skizzieren, Notieren, Protokollieren, Fotografieren, Berichten und schließlich Dokumentieren (Detjen 2013, 213), findet vor allem an nicht-didaktisierten Lernorten seine Anwendung. Da außerschulisches Lernen häufig projektorientiertes Lernen ist und meist in Partner- oder Gruppenarbeit stattfindet, fordert und fördert es im erheblichen Maße auch soziale und persönliche Fertigkeiten der Lernenden (Messmer u.a. 2011, 9). Im Finden gemeinsamer Lösungen, in der Verteilung von Aufgaben, in der Kommunikation über Lösungswege, Aufgabenverteilung und Arbeitsergebnissen wird die Teamfähigkeit, eine auch in der Arbeitswelt zentrale Schlüsselqualifikation, systematisch erweitert (Sauerborn/Brühne 2014, 32). In der Begegnung mit zunächst unbekannten Menschen werden zudem auch Formen der sozialen Kommunikation trainiert, wie die Kontaktaufnahme, der Abbau von Ängsten auf fremde Personen zuzugehen, die Anwendung erwachsener Umgangsformen und die Einhaltung von Höflichkeitsregeln (Detjen 2013, 212). Beispielsweise Anwohner, Ladenbesitzer, Touristen und Mitglieder einer Bürgerinitiative zur Thematik der Mietpreissteigerung und Gentrifizierung vor Ort zu befragen, setzt voraus, dass Schüler_innen sich in die Thematik eingearbeitet haben (Fachkompetenz), Fragebögen erstellen und auswerten können (Methodenkompetenz), wissen, in welcher Form sie fremde Personen ansprechen, sich auch trauen und in der Lage sind, dies zu tun, sowie in der Planung, Durchführung und Auswertung erfolgreich in Gruppen zusammenarbeiten können (Sozialkompetenz). Die Dokumentation und Präsentation der Ergebnisse vor der gesamten Klasse, manchmal sogar vor SuS anderer Klassen, vor Eltern oder vor einer interessierten Öffentlichkeit (Methodenkompetenz), bildet den Abschluss des außerschulischen Lernens, das stets mit schulischem Lernen verknüpft ist.

Medienerziehung

Abhängig von den gewählten Erforschungs- und Dokumentationsformen bietet außerschulisches Lernen auch zahlreiche Möglichkeiten zur Medienerziehung. Wenn Lernende in der Vorbereitung der Exkursion Fachwissen im Internet recherchieren, wenn sie während der Erkundung Interviews aufnehmen, Orte fotografieren oder Interaktionen filmen und ihre Erträge ggfs. auch in medialer Form präsentieren, sei es als Power-Point-Präsentation, Podcast, Fotoausstellung oder Film, erweitern sie ihre Medienkompetenz durch die Nutzung und Verwendung verschiedener Medien. Seele betont in diesem Sinne das Potential mobiler Endgeräte zur „Errichtung von Erinnerungsbrücken zwischen außerschulischem Lernort und Nachbereitung in der Schule" (Seele 2015, 206). Falls SuS eine vorhandene Stadtteilerkundungs-App nicht nur nutzen, sondern sie selbstständig erweitern, was mit der Action-Bound-App (https://de.actionbound.com/) leicht umzusetzen ist, oder gar einen eigenen, neuen Rundgang entwickeln[2], schulen sie ihre Medienerziehung auch im Bezug auf neueste technische Entwicklungen.

Kulturelle Erziehung

Werden Schauplätze des kulturellen Lebens wie Denkmäler, Museen und Theater als außerschulische Lernorte ausgewählt, so ist das außerschulische Lernen in der Lage einen Beitrag zum kulturellen Lernen auch im Rahmen des Politikunterrichts zu leisten. Auch wenn in ländlichen Regionen die Auswahl kultureller Angebote, zudem mit politischen Bezügen, selbstverständlich geringer ausfällt als in Großstädten, so lohnt sich auch dort der wache Blick auf Angebote dieser Art. Z. B. untersteht dem Bundesbeauftragen für die Unterlagen des Staatssicherheitsdienstes der ehemaligen Deutschen Demokratischen Republik (BStU) nicht nur ein Bildungszentrum in Berlin, sondern auch zwölf Außenstellen in den östlichen Bundesländern (http://www.bstu.bund.de). Zahlreiche Vereine, politische Bildungsträger oder Stiftungen bieten z. B. Wanderausstellungen an, um eben auch „in die Fläche" hinein wirken zu können (z. B. www.annefrank.de/wanderausstellungen).

Binnendifferenzierung

Die Erweiterung des schulischen Lernens auf außerschulische Lernorte bietet häufig die Möglichkeit, der Heterogenität der Lernenden im Rahmen der Binnendifferenzierung stärker gerecht zu werden, als dies im Klassenraum möglich ist (Sauerborn/Brühne 2014, 14). Bei einer Stadtteilerkundung fallen so verschiedene Aufgaben an wie Interviews zu führen, diese zu protokollieren, Fotos oder Videos zu machen, Skizzen anzufertigen, authentisches Material zu sammeln und den gegangenen Weg in einem Stadtplan einzuzeichnen, die je nach Interesse und Eignung von SuS übernommen werden können. Da außerschulische Lernorte meist verschiedene Sinne und Lernkanäle ansprechen, bieten sie auch aus lernpsychologischer Sicht heterogenen Gruppen gute Lernvoraussetzungen an. Auch altersgemischtes, jahrgangsübergreifendes Lernen ist an außerschulischen Lernorten mitunter leichter als im Klassenraum (Sauerborn/Brühne 2014, 14). So bietet beispielsweise die Erinnerungsstätte Notaufnahmelager Marienfelde in Berlin museumsdidaktische Programme für Kinder, Jugendliche und Erwachsene an und wird damit allen Altersgruppen gerecht (www.notaufnahmelager-berlin.de/de/bildung-6.html).

Welche zusätzlichen fachspezifischen Potentiale birgt außerschulisches Lernen für den Politikunterricht?

Bürgerkompetenz

Obwohl bereits vorher das große Potential des außerschulischen Lernens zur Entwicklung von Handlungskompetenz hervorgehoben wurde, soll dies auch noch einmal unter der Perspektive spezifischer Potentiale für den Politikunterricht in differenzierterer Form getan werden. Gerade weil die Handlungskompetenz nach der Urteilskompetenz zentrales Ziel des Politikunterrichts ist, kann außerschulisches Lernen ein solcher Gewinn für den Politikunterricht sein. Während im „klassischen" Schulunterricht politische Handlungskompetenz (mit Ausnahme der Expertenbefragung in der Schule) in der Regel simulativ gefördert wird, durch Makromethoden wie die Pro-Contra-Debatte, die Talkshow oder das Planspiel, kann der außerschulische Lernort reale Handlungskompetenz verwirklichen. Beim Besuch einer Podiumsdiskussion zur Schulpolitik oder der drohenden Schließung eines Jugendclubs können Lernende in einer Realsituation ihre Handlungskompetenz nicht nur trainieren, sondern zugleich in der Nutzung ihrer demokratischen Partizipationsmöglichkeiten anwenden. Damit eröffnet sich ihnen die Chance, ihre Bürgerkompetenz zu erweitern, probehalber oder im Idealfall dauerhaft vom „reflektierten Zuschauer" zum „Interventionsbürger", wenn nicht gar zum „Aktivbürger" zu werden (Buchstein 2002). Eine Lehrkraft, die derartige Lernsituationen mit ihren SuS aufsucht, verstößt nicht gegen das Überwältigungsverbot des Beutelsbacher Konsens', sofern Sie prüft, ob das Gebot der Kontroversität mittels unterschiedlich positionierter Agierender gewahrt bleibt.

Empowerment

Außerschulisches Lernen auch mit Menschen gesellschaftlich marginalisierter Gruppen kann zur „Eroberung" neuer Räume, zum Sichtbarmachen und Sichtbarwerden dieser Gruppen führen und damit einen wichtigen Beitrag im Sinne des Empowerments leisten. Ein beeindruckendes Beispiel ist das mehrfach ausgezeichnete und auch in einem Film[3] dokumentierte „King Code"-Projekt (www.king-code.de). Das Ziel des Projektes ist es „Jugendlich[e] unterschiedlicher Herkunft und verschiedener Schulen zusammen[zu]bringen, Vorurteile ab[zu]bauen und zum gemeinsamenEngagement für die Stadt und die Gesellschaft an[zu]regen, um den Traum von King zuleben!". Im Rahmen des 2013 gestarteten Projektes haben SuS verschiedene Stadtführungen auf den Spuren Martin Luther Kings, der Berlin 1964 besuchte, und eine Wanderausstellung entwickelt. Auch die Ausstellung „Ortsgespräche" (https://vimeo.com/68517619) des Berliner Friedrichhain-Kreuzberg Museums (www.fhxb-museum.de) bietet für jede_n Platz zur gesellschaftlichen Teilhabe. Im Rahmen des Projektes „Dialog macht Schule" hat auch eine SuS-Gruppe ihre Geschichten zu dieser Ausstellung beigetragen[4].

Entdeckung des politischen Nahraums

Außerschulisches Lernen im Politikunterricht bietet die Chance realitätsnahe und lebenspraktische Bezüge politischer Fragestellungen zu erschließen und so das Politische im eigenen Erfahrungsraum zu entdecken. So kann v.a. der politische Nahraum, die Mikroebene von Politik anschaulich gemacht werden (Detjen 2013, 213). Detjen verweist darauf, dass idealerweise das Zusammenspiel aller drei politischen Dimensionen (policy, polity und politics) in einer Erkundung erforscht werden sollte, betont aber zugleich, dass die drei Dimensionen unterschiedlich leicht zugänglich bzw. erfahrbar seien.

Anmerkungen

1 Eine detailierte Darstellung eines fächerübergreifenden Projekts der Fächer Politik und Biologie am außerschulischen Lernort bieten Moegling und Brandt (in Karpa/Overwien/Plessow 2015).

2 vgl. http://www.landeshauptarchiv.de/fileadmin/_migrated/content_uploads/Handreichung_Unterrichtsgang_NS-Zeit_Koblenz.pdf

3 www.bundesstiftung-aufarbeitung.de/erinnerungskultur-1273.html?PAGE=artikel_detail&artikel_id=313

4 www.demokratie-leben.de/aktuelles/dialog-macht-schule-stellt-sonderausstellung-zu-lebenswelten-kreuzberger-schueler-vor.html

4. DIE GRENZEN AUSSERSCHULISCHEN LERNENS

Die im vorangegangenen Kapitel aufgezeigten Potentiale außerschulischen Lernens entfalten sich keineswegs per se an jedem Lernort und mit jeder Lerngruppe. Selbstverständlich bedarf es, soll außerschulisches Lernen mehr sein als eine aktionistische Abwechslung, einer kritischen Auswahl des Lernortes sowie der gründlichen inhaltlichen und methodischen Einbindung in das schulische Lernen. Vor den Hinweisen, wie das gelingen kann, sollen aber die Grenzen außerschulischen Lernens nicht verschwiegen werden. Sie sind zum einen inhaltlich, zum anderen organisatorisch begründet.

Gefahr der „kognitiven Insel“

Fehlt die Einbindung des außerschulischen Lernens in den unterrichtlichen Kontext so ist die Wahrscheinlichkeit groß, dass eine Exkursion ohne Lernzuwachs und Kompetenzgewinn verpufft. Die Einbindung sollte unter inhaltlichen und methodischen Gesichtspunkten erfolgen, sodass die SuS ihre inhaltlichen Erkenntnisse in systematisches Wissen einordnen und reflektieren können (Detjen 2013, 215) und vorab angebahnte methodische Fähigkeiten genutzt und nachbereitend reflektiert werden. Auch Overwien weist ausdrücklich auf die notwendigen Vor- und Nachbereitungen hin (in Karpa 2015, 11), weil es beim „erfahrungsorientierten Zugang zum Lernen“ am außerschulischen Lernort „um einen Erfahrungsbegriff gehe, der Aktion und Reflexion miteinander niveauvoll verbind[e]“ (Karpa, Overwien, Plessow 2015, 8), sowohl in der Planung als auch in der systematischen Auswertung.

Die Überforderungsgefahr

Außerschulische Lernorte bergen die Gefahr der Überforderung der SuS aus inhaltlicher, methodischer und sozialer Perspektive. Zur Überforderung kann es immer dann kommen, wenn die Anforderungen des Lernortes die Fähigkeiten der Lerngruppe überschreiten. Zahlreiche Lernorte sind inhaltlich überladen, in ihrer Komplexität schwer zu erschließen oder schlicht zu umfangreich, um sinnvoll entdeckt werden zu können (Detjen 2013, 196). Hier ist die Lehrkraft gefragt, die eine sorgfältige und bewusste Auswahl des Lernortes sowie der Aufgaben vor Ort treffen und ihre Lerngruppe gründlich vorbereiten sollte. Je selbstständiger und aktiver die SuS am außerschulischen Lernort tätig sind, am meisten beim tatsächlich forschenden Lernen an einem nicht-didaktisierten Lernort, umso stärker sind auch ihre methodischen und sozialen Fähigkeiten beansprucht. Diese müssen *vor* der Exkursion angebahnt werden, um dann vor Ort angewandt und erweitert zu werden. Der Irrtum, es sei ausreichend, wenn die SuS diese erst vor Ort erwürben, wird den Lernertrag einer Exkursion in aller Regel deutlich mindern.

Die Gefahr der einseitigen Einflussnahme

Der Politikunterricht ist dem Kontroversitätsgebot verpflichtet, außerschulische Lernangebote sind dies aber nicht. Werden z. B. Institutionen besichtigt, so geben diese in der Regel den Ablauf der Besichtigung vor und nutzen den Besuch einer Lerngruppe als willkommene Chance zur Selbstdarstellung (Detjen 2013, 196). So tritt neben die Gefahr der didaktischen Irrelevanz und der inhaltlichen Überforderung möglicherweise auch die Herausforderung der fehlenden Kontroversität und der Überwältigung (Karpa 2015, 12+14 und Karpa/Lübbecke/Adam 2015, 16).

Zusammenarbeit mit außerschulischen Anbietern

Overwien weist für die Zusammenarbeit mit außerschulischen Anbietern auf wichtige Gelingensbedingungen von beiden Seiten aus hin: Einerseits müssten die Anbieter „verlässliche Strukturen und ein kompetente Durchführung“ gewährleisten (Karpa 2015, 12), andererseits seien auch die Lehrkräfte verpflichtet,

„die Professionalität der Anbieter ernst zu nehmen und sie in ihrer Rolle zu akzeptieren“ (Karpa 2015, 15).

Beschränkung des Lernbereichs

Während Detjen politische Inhalte und Probleme (policy) genauso wie die rechtlichen Rahmenbedingungen und Verfahrensregeln zu ihrer Lösung (polity) auf kommunaler Ebene im außerschulischen Lernen für leicht zugänglich erachtet, ist er deutlich skeptischer in Bezug auf die Erfahrbarkeit der politics-Dimension (Detjen 2013, 214). Zudem weist er daraufhin hin, dass Erkundungsgegenstände in der Regel auf den politischen Nahraum beschränkt blieben, die „große Politik“ sei nur dann „der Erkundung zugänglich, wenn sie Auswirkungen im Nahraum“ habe (Detjen 2013, 214). Nicht zuletzt gebe es selbstverständlich viele Gegenstände des Politikunterrichts, die sich der sinnlich konkreten Anschauung verschlössen. So könnten beispielsweise politische Prinzipien, Kommunikation oder gar Macht nicht unmittelbar erforscht werden (Detjen 2013, 215).

Neben diesen inhaltlich-methodischen Grenzen gilt es die praktisch-organisatorischen Herausforderungen an außerschulisches Lernen zu beachten.

Der Zeitaufwand

Nicht nur das außerschulische Lernen vor Ort, sondern auch die gründliche Einbindung in den schulischen Unterricht braucht Zeit, deutlich mehr Zeit als der „klassische“ Unterricht im Klassenraum (Sauerborn/Brühne 2014, 17 und 35). Dieser zeitliche Mehraufwand ist aber nur dann gerechtfertigt, wenn vor Ort etwas gelernt werden kann, was so im Klassenraum nicht möglich ist, oder der Lernertrag ein besonderer ist. Eine gründliche Planung seitens der Lehrkraft bildet dafür eine notwendige Voraussetzung, damit außerschulisches Lernen nicht bloßer Aktionismus bleibt, wie Kritiker anführen.

Die Kommunikations- und Kooperationsfalle

Außerschulisches Lernen sprengt die Zeit- und Organisationsstrukturen eines klassischen, gefächerten Unterrichts im 45-Minuten-Takt, wie er an vielen Schulen (noch) vorherrscht. Daher bedarf es einer weitsichtigen, planvollen und überzeugungskräftigen Kommunikationsfähigkeit der organisierenden Lehrkraft, um die nötige innerschulische Abstimmung mit der Schulleitung und dem Kollegium zu gewährleisten sowie die erforderlichen Genehmigungen bei Eltern und der Schulleitung einzuholen (Sauerborn/Brühne 2014, 17). Zugleich ist eine ausreichende Kooperationsbereitschaft seitens der SuS, des Kollegiums, der Elternschaft und der Schulleitung Voraussetzung, damit außerschulisches Lernen überhaupt möglich ist (Sauerborn/Brühne 2014, 35 und Karpa 2015, 15).

Die Barrierefreiheit

Bei inklusiven Lerngruppe ist in der Planung selbstverständlich abzuklären, ob der außerschulische Lernort barrierefrei zu erreichen und zu erkunden ist. Hierbei sind neben räumlichen Barrieren auch sprachliche Barrieren zu berücksichtigen.

Die Kosten

Die Anfahrt, Eintritt oder pädagogische Programme können beim außerschulischen Lernen Kosten verursachen. Zahlreiche Lernorte bieten allerdings auch kostenfreie Angebote an, mitunter gibt es staatliche finanzielle Unterstützung für Kinder einkommensschwacher Eltern, manchmal ist auch der schulische Förderverein zur Unterstützung bereit (Karpa 2015, 15).

Die Aufsichtspflicht

Bereits die Anfahrt zum außerschulischen Lernort kann mit verkehrstechnischen Herausforderungen und Gefahren verknüpft sein, die es im Klassenraum natürlich nicht gibt. Entdeckend-forschendes Lernen erfordert zudem häufig eigenständige Kleingruppenarbeit, welche durch die Aufsichtspflicht ihre Begrenzung erfährt. Selbst in dem abgegrenzten Raum eines Museums ist es der Lehrkraft nicht möglich, stets alle Kleingruppen im Blick zu behalten. Genauso unmöglich ist ihr dies im offenen Raum, beispielsweise bei einer arbeitsteiligen Stadtteilerkundung. Hier ist die betreuende Lehrkraft individuell gefordert, zwischen pädagogisch sinnvollem und rechtlich zulässigem Handeln abzuwägen. Die Größe einer Lerngruppe und etwaiges undiszipliniertes oder regelverstoßendes Verhalten einzelner SuS kann außerschulisches Lernen ggfs. sogar unmöglich machen (Sauerborn/Brühne 2014, 35).

Die unbeeinflussbaren Bedingungen

Schließlich kann außerschulisches Lernen von äußeren, unberechenbaren und nicht planbaren Einflüssen abhängig sein, die beim Lernen im Klassenraum keine Rolle spielen. Dies kann beispielsweise eine ungünstige Witterung sein, Verkehrsbeeinträchtigungen im Anfahrtsweg wie ein Stau oder ein Streik.

5. DIE EINBINDUNG DES AUSSERSCHULISCHEN LERNENS IN DEN SCHULISCHEN POLITIKUNTERRICHT

Wohin? – Auswahlkriterien für einen geeigneten außerschulischen Lernort im Politikunterricht

Die politikdidaktische Forschung weist eine große Konstanz in der Formulierung von Auswahlkriterien für einen geeigneten außerschulischen Lernort auf. Vier der von Ackermann 1988 eingeführten sechs Auswahlkriterien – „Schülerorientierung", „Problem- und Fallorientierung", „fächerübergreifender Zugang", „Erlebnisqualität", „Handlungsorientierung" und „Lehrerinteresse" – (Ackermann 1988, 28) greift Detjen unverändert auf[1]. Auch das Kriterium der Handlungsorientierung findet sich bei Detjen unter der Bezeichnung „interaktionelle Anlage" als eines von drei Merkmalen für eine „mustergültige Erkundung" (Detjen 2013, 196). Auch Grillmeyers Kriterien[2] wandeln zwar z. T. die Begrifflichkeiten, aber nicht die Inhalte. Ähnlich ist es auch beim jüngsten Kriterienkatalog von Karpa/Overwien/Plessow der Fall[3]. Die im Folgenden angebotenen Auswahlkriterien bündeln bereits bekannte Aspekte neu und akzentuieren diese.

Außerschulische Lernorte sollten neue Erfahrungen und Perspektiven eröffnen

Zentral für die Auswahl eines geeigneten Lernortes ist sein Potential, den Lernenden neue Erfahrungen zu ermöglichen und neue Perspektiven zu eröffnen, die in dieser Weise im Klassenraum nicht möglich sind[4]. Nur dann ist der zusätzliche zeitliche und organisatorische Aufwand des außerschulischen Lernens für alle Beteiligten angesichts von schulischen Verteilungskämpfen um das knappe Gut von Bildungs- und Lernzeit gerechtfertigt.

Selbstverständlich ist dies allein noch keine ausreichende, aber dennoch eine notwendige Bedingung bei der Lernort-Auswahl.

Außerschulische Lernorte sollten erkundend-forschendes Lernen ermöglichen

Im Anschluss an alle im ersten Kapitel aufgeführten Kriterienkataloge ist es ferner entscheidend, dass der ausgewählte außerschulische Lernort erkundend-forschendes Lernen ermöglicht. SuS sollten in allen Phasen des außerschulischen Lernens – der Vorbereitung, der Durchführung und der Auswertung – möglichst aktiv, interaktiv und selbstständig lernen können. Lernorte mit handlungsorientiertem Potential sind deutlich ergiebiger und interessanter als Lernorte, die dies nur in beschränkter Form oder überhaupt nicht zulassen.

Außerschulische Lernorte sollten anschauliche und ganzheitliche Lerngelegenheiten anbieten

Ferner sind außerschulische Lernorte besonders geeignet, wenn sie anschauliches und ganzheitliches Lernen ermöglichen. Sie sollten also einen hohen Anmutungsfaktor besitzen (Sauerborn/Brühne 2014, 12), sei es durch ihre natürliche Beschaffenheit, wie die bereits erwähnte Kläranlage, sei es durch ihre besonders zielgruppenspezifische Gestaltung des Lernortes (Bsp. 7 x Jung (http://www.7xjung.de) oder sei es gerade mittels ihrer Authentizität, wie z. B. der Reichstag mit seinen vielfältigen historischen und aktuellen Bedeutungsschichten.

Außerschulische Lernorte sollten Fachlichkeit sicherstellen

Selbstverständlich muss der ausgewählte Lernort für den Politikunterricht relevante Lerngegenstände vergegenwärtigen und in diesem Sinne eine Kompetenzentwicklung befördern, Basis- und Fachkonzepte mit Leben erfüllen und an die Vorgaben der jeweiligen Lehrpläne anschlussfähig sein. Ausgangs- und Zielpunkt außerschulischen Lernens sollte das schulische Lernen sein und bleiben, nicht der außerschulische Lernort.

Außerschulische Lernorte sollten Kontroversität einfordern

Politikunterricht ist dem Kontroversitätsgebot und dem Überwältigungsverbot verpflichtet. Daher sollten zuerst Lernorte ausgewählt werden, die ein kontroverses Potential besitzen. Allerdings bieten nicht alle außerschulischen Lernorte eine kontroverse Sicht auf ihren Lerngegenstand, sondern eine einseitig perspektivische an. Wird ein solch nicht-kontroverser Lernorte ausgewählt, so ist die Lehrkraft unbedingt in der Pflicht, auf die fehlende Kontroversität präventiv hinzuweisen und sie in der unterrichtlichen Einrahmung des außerschulischen Lernens ergänzend zu gewährleisten[5].

Außerschulische Lernorte sollten Überschaubarkeit gewährleisten

Ferner ist die sowohl inhaltliche als auch räumliche Überschaubarkeit eines außerschulischen Lernortes ein wichtiges Kriterium (Sauerborn/Brühne 2014, 12). Übersichtliche, begrenzte, klar gegliederte Lernorte sind überbordenden und Inhalte anhäufenden, komplexen Lernorten vorzuziehen bzw. letztere sind durch eine gezielte Fokussierung und Aufgabenteilung didaktisch zu reduzieren.

Außerschulische Lernorte sollten gut erreichbar und finanzierbar sein

Obwohl sie nicht inhaltlicher, sondern praktischer Art sind, sollen zuletzt die beiden Kriterien der Erreichbarkeit und Finanzierbarkeit erwähnt werden. Selbstverständlich muss der Aufwand der An- und Abreise und der finanziellen Aufwendungen für das außerschulische Lernen in einem sinnvollen Verhältnis zum inhaltlichen Ertrag stehen. Daher werden Lehrkräfte zunächst kostenfreie oder kostengünstige Lernorte in der Nähe des Schulstandortes bevorzugen, bevor sie weitere Entfernungen und höhere Kosten in Kauf nehmen. Nicht-didaktisierte Lernorte sind stets kostenfrei und häufig in Schulnähe zu finden, womit zugleich der Bezug zur Lebenswelt der SuS erfüllt ist. Mitunter gibt es staatliche finanzielle Unterstützungsmöglichkeiten für Kinder einkommensschwacher Eltern für Exkursionen[6], an vielen Schulen können Fördervereine finanzielle Unterstützung anbieten.

Die Suche geeigneter außerschulische Lernorte für den Politikunterricht kann auch mit Blick auf die verschiedenen Aspekte eines Basiskonzeptes angeregt werden. Dies ist im Folgenden exemplarisch für das Basiskonzept Demokratie vorgeführt:

Außerschulische Lernorte zum Basiskonzept Demokratie

Aspekte des Basiskonzeptes	Außerschulische Lernorte
Repräsentation	Tagesablauf und Aufgaben eines Abgeordneten beobachten/erfragen
Gewalten-teilung	Polizei, Gericht, Parlament, Behörden
Rechtsstaat	Gericht, Jugendrechtshilfe, Rechtsanwalt, Rechtsberatung
Parteien	Jugendorganisation von Parteien, Parteibüro, Wahlkreisabgeordnete_r
Partizipation/ Interessen-gruppen/ Pluralismus	Bürgerinitiativen, Gruppierung zivilgesellschaftlichen Engagements (z. B. Pro Asyl), Initiativen zu Volksentscheiden (z. B. Mieten-Volksentscheid e. V.), Vereine (z. B. LobbyControl)
Massenmedien	Besuch einer Zeitungsredaktion, einer Redaktionssitzung, Gespräch mit Redakteuren
Parlament	Besuch einer Gemeinderats- oder Parlamentssitzung
Wahlen	Teilnahme an und Vergleich von Wahlkampfveranstaltungen
Öffentlichkeit	Transparency international
Menschenwürde	Amnesty International
Gleichheit	Vertretung von (gesellschaftlichen, religiösen, ethnischen) Minderheiten
Feinde der Demokratie	Gedenkstätte in ehemaligen Stasi-Zentralen, Gedenkstätte in ehemaligen Konzentrations- oder Arbeitslagern, Gedenkstätte Deutscher Widerstand

Tabelle 4: eigene Darstellung

Die Homepage der Zeitschrift *Praxis Politik* bietet eine Suchmaschine für außerschulische Lernorte (http://www.praxispolitik.de/lernorte), mit deren Hilfe man für den Politikunterricht relevante Lernorte sowohl unter thematischen als auch regionalen Gesichtspunkten recherchieren kann.

Wozu und Wann? – Didaktische Funktionen und Platzierung einer Exkursion innerhalb einer Unterrichtssequenz

Außerschulisches Lernen entfaltet erst in der Verknüpfung mit schulischem Lernen sein Potential. Dies setzt voraus, dass die Lehrkraft vor der Durchführung der Exkursion die gesamte Unterrichtssequenz plant und sich bewusst und sinnfällig für die Verortung der Exkursion innerhalb des Unterrichtsvorhabens entscheidet. Diese Entscheidung ist wesentlich von zwei Faktoren abhängig: einerseits von der Besonderheit und dem didaktischen Potential des Lernortes bezogen auf die jeweilige inhaltliche Problemstellung und andererseits von der didaktischen Funktion, welche die Lehrkraft dem außerschulischen Lernen zuordnet. Selbstverständlich ist diese Planung seitens der Lehrkraft nur zu leisten, wenn sie den Lernort kennt und auf sein didaktisches Potential hin überprüft hat. Idealtypisch kann das außerschulische Lernen am Anfang, in der Mitte oder am Ende einer Unterrichtseinheit platziert sein (Detjen 2013, 200) und davon abhängig verschiedene didaktische Funktionen erfüllen.

Motivieren, Fragen provozieren, einen Überblick gewinnen – die Exkursion als Einstieg

Bildet das außerschulische Lernen den Auftakt des Unterrichtsvorhabens, so weist es zunächst überhaupt auf ein Thema und dessen Verortung innerhalb der Lebenswelt der Lernenden hin. Es kann Neugierde wecken, Fragen provozieren und eine gemeinsame Erfahrungsbasis für das weitere Lernen herausbilden (vgl. Praxisbeispiel 1 und 3).

Informationen sammeln, Analyse ermöglichen und Urteilsbildung vorbereiten – die Exkursion in der Mitte der Unterrichtseinheit

In der Regel erfolgt der Einstieg in der Schule, eine Fragestellung wird aufgeworfen und problematisiert, ein Erkenntnisinteresse wird evoziert. Folgt dann im zweiten Lernschritt die Exkursion in der Erarbeitungsphase, ermöglicht sie eine handlungsorientierte Informationsbeschaffung. Aufgabenteilig organisiert lässt sich eine Problemstellung aus verschiedenen Perspektiven erkunden (vgl. Praxisbeispiele 2 und 4) oder eine komplexe Thematik in „erforschbare Portionen" aufteilen. In der schulischen Nachbereitung werden die arbeitsteilig erforschten Ergebnisse allen Lernenden zur Verfügung gestellt.

Gelerntes anwenden und überprüfen – die Exkursion als Abschluss einer Unterrichtseinheit

Seltener wird das außerschulische Lernen tatsächlich erst im Anschluss an die Erarbeitungsphase platziert. Sind also Informationen schon aufgenommen und ist eine Problemanalyse schon geleistet, kann eine Exkursion diesen Lernertrag veranschaulichen, vertiefen, erweitern, in Frage stellen oder relativieren[7]. Erfordert das forschend-erkundende Lernen am außerschulischen Lernort spezielle methodische Voraussetzung, wie z. B. die Fähigkeit ein Interview zu führen, müssen diese im schulischen Unterricht vorbereitet werden. Am außerschulischen Lernort in einer Echtsituation angewandt trainieren die SuS dann ihre Methoden- und Handlungskompetenz.

Wie? – Der methodische Dreischritt aus Vorbereitung, Durchführung und Nachbearbeitung

Sinnvoll in den schulischen Unterricht integriertes und dann (vermutlich) erst erfolgreiches außerschulisches Lernen folgt dem methodischen Dreischritt aus Vorbereitung, Durchführung und Auswertung.

Was ist vorher zu beachten? – Die Vorbereitung des außerschulischen Lernens

Die langfristige Planung am Schuljahrsbeginn – den Lernort kennenlernen und erste inhaltliche und methodische Entscheidungen treffen

Zur langfristigen Vorbereitung gehört in einem allerersten Schritt der Blick auf die Jahresunterrichtsplanung (Detjen 2013, 205). Die Lehrkraft verschafft sich einen Überblick über die anstehenden Unterrichtsvorhaben in einer Lerngruppe und überlegt, bei welchem Thema die Integration außerschulischen Lernens sich anbietet und gewinnbringend sein könnte. Den in Frage stehenden außerschulischen Lernort sollte die Lehrkraft auf jeden Fall vorab besuchen und dabei auf sein inhaltliches und didaktisches Potential sowie auf seine Passung zur jeweiligen Lerngruppe – z. B. bezogen auf seine Altersangemessenheit oder seinen Anforderungsgrad – hin überprüfen.

Bei dem Vorab-Besuch verschafft sie sich einen Überblick über den Lernort, bei didaktisierten Lernorten auch über mögliche Angebote wie z. B. Führungen und Workshops. Sie legt fest, ob eine Total- oder eine Aspekterkundung ihr Ziel ist, d. h. ob ein Lernort erschöpfend und möglichst vollständig erfasst oder ob er mit Blick auf bestimmte Schwerpunkte erkundet werden soll (Bönsch 2000, 250). Mit Blick auf die Sozialform entscheidet sie außerdem, ob die Exkursion als Allein-, Gruppen- oder Klassenerkundung (Detjen 2013, 202) durchgeführt werden soll, d. h. ob nur einzelne SuS, eine SuS-Gruppe oder die gesamte Lerngruppe am außerschulischen Lernen teilnimmt. Sie kalkuliert ferner den voraussichtlichen Zeitbedarf und plant ggfs. auch schon Beobachtungsschwerpunkte für eine arbeitsteilige Erkundung. Meist bietet sich eine arbeitsteilige Gruppenerkundung aufgrund der Komplexität des Lerngegenstandes und der Informationsfülle oder wegen der Weitläufigkeit des Lernortes an. Ein arbeitsteiliges Vorgehen schafft den Lernenden zudem motivierende Auswahlmöglichkeiten und Schwerpunktsetzungen nach Interessen oder Fähigkeiten. In der nachbereitenden Auswertung erfordert es allerdings einen höheren Zeitaufwand.

Die Vorbereitung einer Exkursion

langfristige Vorbereitung	**organisatorisch**	**inhaltlich**	**methodisch**
Jahresunterrichtsplanung	• Wann ist der Besuch eines ASL möglich oder günstig? 1. Schultermine – wie z. B. Prüfungen, Wandertage, Klassenarbeiten 2. Termine des ASL – zeitlich befristete Angebote, Öffnungszeiten	• Bei welchem inhaltlichen Schwerpunkt bietet sich der Einbezug eines ASL an?	• Bei welchem methodischen Schwerpunkt bietet sich der Einbezug eines ASL an?
ASL selber kennenlernen	• Zeitbedarf kalkulieren	• Überblick gewinnen – Ist dieser ASL geeignet in Bezug auf den inhaltlichen und/oder methodischen Schwerpunkt sowie bezogen auf die Lerngruppe?	• Total- oder Aspekterkundung? • Allein-, Gruppen- oder Klassenerkundung? • ggf. Beobachtungsschwerpunkte festlegen
mittelfristige Vorbereitung			
Klärung	• Termin, Dauer, Kosten, An- und Abreise • Ablauf, Programmpunkte • An- und Abfahrt klären, ggfs. Bus bestellen, Sitzplätze im Zug reservieren, Fahrkarten kaufen	• In welches Unterrichtsvorhaben ist die Exkursion eingebunden? • Welche Funktion übernimmt die Exkursion innerhalb des Unterrichtsvorhabens?	• Welche methodischen Kompetenzen brauchen die SuS am ASL? • Sind diese bereits (zum Teil) vorhanden? Wie kann ich sie fördern vor der Exkursion?

Absprachen mit Kontaktpersonen am ASL	• Termin, Dauer, Kosten • Ablauf der Exkursion • Besonderheiten der Lerngruppe	• Unterrichtsvorhaben • Funktion der Exkursion • inhaltliches Vorwissen der SuS	• methodische Fähigkeiten der SuS
Information	• Mitteilung an Schulleitung, Kollegium, Lerngruppe, Eltern		
kurzfristige Vorbereitung			
Im Rahmen des Unterrichtsvorhabens	• Verhaltensregeln klären • Material und Ausrüstung zur Verfügung stellen • ggfs. Eintrittsgelder einsammeln	• inhaltliche Einbindung in das Unterrichtsvorhaben • Erkundungsinteresse bei den SuS wecken • Erkundungsaufgaben (ggfs. mit den SuS gemeinsam) formulieren und vergeben	• methodische Einbindung in das Unterrichtsvorhaben, z. B. Erkundungs-, Dokumentations- oder Präsentationsmethoden vorstellen und ggfs. trainieren

Tabelle 5: eigene Darstellung

Die mittelfristige Vorbereitung einen Monat vor der Erkundung – organisatorische Absprachen treffen, Informationen weitergeben und Zustimmungen einholen

In der mittelfristigen Planung ist die Lehrkraft in organisatorischer Hinsicht Vermittlerin zwischen schulischen und außerschulischen Vorgaben. So nimmt sie Kontakt mit Vertretern des Lernortes auf, um den Termin, die Dauer, die eventuellen Kosten und den Ablauf der Exkursion zu klären. Zugleich gibt sie schulischerseits die notwendigen Informationen an die Schulleitung, das Kollegium, die Lernenden und ihre Eltern weiter und holt sich die erforderlichen Zustimmungen ein.

Die kurzfristige Vorbereitung mit Beginn des Unterrichtsvorhabens – Einbindung des außerschulischen Lernens in das schulische Lernen

Mit Beginn des Unterrichtsvorhabens, innerhalb dessen der außerschulische Lernort besucht wird, beginnt seine inhaltliche und methodische Einbindung in das schulische Lernen. Sie bildet m. E. die entscheidende Voraussetzung zum Gelingen der Exkursion. In der Regel haben die Lernenden bereits vor der Exkursion einen Bezug zum Lerngegenstand, können Fragen entwickeln und mit einem eigenen Erkundungsinteresse den Lernort entdecken. Eine Exkursion sollte also in aller Regel im Kontext von Fragen und Hypothesen stehen, aus denen sich Erkundungsaufgaben ergeben. Lernen die Schüler_innen dann vor Ort tatsächlich erkundend, müssen sie vertraut sein mit Arbeitstechniken der Beobachtung, der Umfrage oder des Interviews. Diese müssen vorbereitend vorgestellt und angebahnt werden. Auch die notwendigen sozialen Kompetenzen sollten vorab geschult werden, damit die SuS am außerschulischen Lernort produktiv und zielorientiert, meist in Gruppen, arbeiten können.

Die unmittelbare Vorbereitung einen Tag vor der Erkundung – Ziel, Ablauf, Ausrüstung und Regeln erklären

Unmittelbar vor dem Beginn des außerschulischen Lernens, d. h. in der Regel einen Tag vor der Erkundung, werden ihr Ziel und ihr Ablauf geklärt. Die SuS sollten genau wissen, wann und wo sich die Gruppe trifft, was ihre Aufgaben vor Ort sein werden, welchem Zweck diese Aufgaben dienen und welche Ausrüstung (besondere Kleidung, Verpflegung, Geräte, z. B. Fotoapparat oder Aufnahmegerät) oder Materialien (z. B. Papier, Stifte, Klemmbrett) sie ggfs. benötigen. Die Lernenden sollten auf die dem Ort angemessenen Verhaltensweisen aufmerksam gemacht werden, falls dies bei einer Erstbegegnung oder angesichts der Zusammensetzung der Lerngruppe notwendig erscheint. Die Lehrkraft vervielfältigt ggfs. notwendige Arbeitsblätter, hat die An- und Abfahrt geregelt und Eintrittsgelder eingesammelt (siehe dazu Tabelle 5).

Was ist währenddessen zu tun? –
Die Durchführung des außerschulischen Lernens

Die Durchführung der Exkursion beginnt nach der Anfahrt mit der räumlichen, personellen und prozessuralen Orientierung: Die SuS gewinnen eine Überblick über die Größe und Gliederung des Erkundungsraumes, sie wissen, wo sich der Treffpunkt der Gruppe, Toiletten und Sitzgelegenheiten für Pausen oder Rückzugsräume für die Kleingruppenarbeit befinden. Zudem lernen sie bei einem didaktisierten Lernort ggfs. für sie zuständige pädagogische Mitarbeiter_innen kennen und wissen, in welcher Form diese sie in ihrer Erkundung leiten oder unterstützen. Schließlich kennen sie den Ablauf der Erkundung und ihren Auftrag, d. h. sie wissen alle und zweifelsfrei, was sie, in welchem Zeitraum, mit welchen Mitschüler_innen, an welchem Ort, in welcher Weise, zu welchem Zweck und mit welchen Materialien oder Dokumentations-Instrumenten tun sollen.

Dies ist umso wichtiger, als am außerschulischen Lernort Lernprozesse – anders als im Klassenraum – schwer nachzusteuern sind (Witt 2013, 13). Die Aufgabenstellungen sind daher in jedem Falle nicht nur mündlich zu erläutern, sondern stets auch schriftlich zu verteilen. Vor dem eigentlich Start der inhaltlichen Arbeit ist sicher zu stellen, dass alle Lernenden ihre Aufgabenstellung verstanden haben und das alle Fragen geklärt werden konnten. Je weitläufiger und unübersichtlicher die Erkundungsräume sind und je selbstständiger Schüler_innen vor Ort arbeiten, desto wichtiger ist es, diese Orientierung durch Pläne zu unterstützen sowie auch die organisatorischen Absprachen, wie Treffpunkt und Pausenzeiten, schriftlich zu fixieren.

Im Falle von arbeitsteiliger Einzel- oder Kleingruppenarbeit steht die Lehrkraft vor dem Widerspruch, einerseits ihre Aufsichtspflicht erfüllen zu sollen, andererseits dem Wunsch, diese am außerschulischen Lernort häufig sinnvolle Sozialform zu ermöglichen. Dieses Dilemma ist mit Blick auf das Alter und die Reife der Lernenden, abhängig von den Gegebenheiten vor Ort und den jeweils gültigen schulrechtlichen Vorgaben sowie dem individuellen Sicherheitsbedürfnis aller Beteiligten in einer Einzelfallentscheidung zu lösen. Im Zeitalter des Handys erweitert die Möglichkeit des unkomplizierten Kontakts zwischen Lernenden und Lehrkraft den Aktionsradius und den Handlungsspielraum der Lernenden deutlich. Unabhängig davon muss der Aufenthaltsort der Lehrkraft allen Lernenden bekannt sowie bei Schwierigkeiten oder Pannen jederzeit in kurzer Zeit erreichbar sein.

Für die Konzeption von zielführenden Aufgabenstellungen gelten am außerschulischen Lernort die selben Kriterien wie beim schulischen Lernen auch: Sie sollten motivierend, inhaltlich und methodisch im Anspruchsniveau angemessen, binnendifferenziert und klar formuliert sein sowie eine Progression ermöglichen.

Die Sammlung an einem Treffpunkt, ein kurzer Austausch unmittelbarer und wichtiger Eindrücke, das Benennen offener Fragen, der Dank und eventuell auch das Feedback an Ansprechpartner oder pädagogisches Personal beenden die Durchführungsphase, bevor sich die Gruppe auf den Rückweg macht.

Was ist nachher zu tun? – Die Nachbereitung des außerschulischen Lernens

In der Nachbereitung der Exkursion werden ihre Ergebnisse ausgewertet – also gesichtet, analysiert, verglichen und gebündelt – sowie in funktioneller Weise gesichert und dokumentiert, um schließlich präsentiert zu werden.

Bei aufgabenteiligen Erkundungsprozessen ist der Austausch der Ergebnisse der verschiedenen Kleingruppen entscheidend, denn nur so können die (wesentlichen) Ergebnisse aller Gruppen allen Lernenden zugänglich gemacht werden. Dies nimmt zwar einerseits viel Zeit in Anspruch, andererseits entsteht so aber eine authentische und damit motivierende Kommunikationssituation innerhalb der Lerngruppe. Die in der Klasse präsentierten Ergebnisse sind einem Großteil der Mitschüler_innen jeweils tatsächlich unbekannt und neu für sie.

In der Präsentationsphase ist ein weites Spektrum an Lernprodukten denkbar: von der mündlichen Präsentation in der eigenen Lerngruppe – oder eventuell auch mal für Parallelklassen oder Eltern – über schriftliche Portfolios – mit Arbeitsblättern, freien Textformen oder Bilddokumentationen – bis hin zu kreativen und aufwändigeren Formen der Dokumentation – wie dem Beitrag für die Schülerzeitung, einer Ausstellung, einem Rollenspiel oder einer thematischen ggfs. elektronischen Stadtführung. Wurden am außerschulischen Lernort aktuelle politische Fragestellungen erforscht, kann auch ein Beitrag für die Lokalzeitung, ein Leserbrief, ein Brief oder eine Mail an zivilgesellschaftliche oder politische Akteure oder ein Beitrag in einem Internet-Forum eine angemessene und handlungsorientierte Form der Ergebnispräsentation einer Exkursion sein (Detjen 2011, 208)[8].

Neben der inhaltlichen Auswertung ist auch die methodische Auswertung in der Metakommunikation wichtig. Hierzu sollte mit den Lernenden geklärt werden:

- Wie bewerten sie den Lernort, ihre Aufgaben, ihr Vorgehen und ihre Ergebnisse?
- Hat die Exkursion ihre Erwartungen erfüllt?
- Was waren besondere Erfolge, Herausforderungen oder ggfs. auch Fallstricke?
- Wie schätzen sie ihren Lernertrag in Bezug auf Fach-, Methoden-, Sozial- und Selbstkompetenz ein?
- Welche Verbesserungsvorschläge oder Wünsche für eine künftige Exkursion haben sie?

Dieser Reflexionsprozess kann in den verschiedenen Sozialformen – Einzelarbeit, Kleingruppenarbeit oder mit der gesamten Lerngruppe – und in mündlicher oder schriftlicher Form verwirklicht werden. Hat die Lerngruppe vorher keine oder wenig Erfahrung mit außerschulischem Lernen gemacht, so ist eine eher globale Auswertung sinnvoll. Ist die Gruppe schon vertraut mit Exkursionen kann die Reflexion zunehmend Schwerpunkte setzen und detaillierte Aspekte ins Auge fassen.

Checklisten zur Vorbereitung, Durchführung und Nachbereitung

Checkliste zur Vorbereitung	
ein Berufsleben lang	• Lernorte suchen, finden, auf ihr inhaltliches und methodisches Potential hin überprüfen und Lernfeldern zuordnen • Informationen, Hinweise und Flyer zu außerschulischen Lernorten sammeln • Lernorte testen und Erfahrungen sammeln
zu Beginn eines Schuljahrs	• Mit welcher Lerngruppe ... • Zu welchem Themenfeld ... • Zu welchem methodischen Schwerpunkt ... • Aus welchem aktuellen Anlass ... • Aufgrund welchen besonderen Angebotes ... • Zu welchem Zeitpunkt ... ... eignet sich der Besuch eines außerschulischen Lernortes? • ggfs. Barrierefreiheit abklären • Bietet sich fächerübergreifendes Lernen an? Mit welchen Kolleg_innen welcher Fächer sollte ich dann Kontakt aufnehmen? • inhaltliche und methodische Einbindung des außerschulischen Lernens in das schulische Lernen planen

Checkliste zur Vorbereitung	
circa einen Monat vor dem außerschulischen Lernen	• die Schulleitung informieren und die Genehmigung einholen • Termin und Ablauf mit Expert_innen in Institutionen oder Mitarbeiter_innen an pädagogisch betreuten Lernorten vereinbaren • Kosten für Hin- und Rückweg und ggfs. Eintritt ermitteln • Verkehrsmittel ggfs. reservieren (Zug) oder buchen (Bus) • betroffene Kolleg_innen informieren • die Lerngruppe informieren • die Erziehungsberechtigten informieren und ihre Einverständniserklärung einholen
zu Beginn des Unterrichtsvorhabens	• außerschulisches Lernen inhaltlich und methodisch vorbereiten • ggfs. Gruppen einteilen • ggfs. Materialen erstellen bzw. kaufen • Informationsblatt an die SuS verteilen (Lernort, Ablauf, Ziel, Ausstattung, Material, Aufgaben, Regeln) • ggfs. Geld einsammeln • ggfs. Telefonliste für Notfälle erstellen
am Vortag der Erkundung	• Kenntnis der wichtigen Informationen auffrischen • auf Verhaltensnormen vor Ort hinweisen • Treffpunkt, Treffzeit mitteilen • an Ausstattung und Material erinnern • Erste-Hilfe-Tasche reservieren • Ablaufplan und Aufgabenstellungen formulieren
am Tag der Erkundung	• Anwesenheit kontrollieren und die Gruppeneinteilung ggfs. anpassen • ggfs. Fahrkarten und Eintrittskarten verteilen • Erste-Hilfe-Tasche mitnehmen

Checkliste zur Durchführung	
räumliche Orientierung	• Haben die SuS einen Überblick über die räumlichen Gegebenheiten des Lernortes, seine Ausmaße und Gliederung? • Kennen Sie den Treffpunkt, die Toiletten, Sitzgelegenheiten für Pausen oder Kleingruppenarbeit?
personelle Orientierung	• Kennen die SuS die pädagogischen Mitarbeiter_innen? • Wissen sie, in welcher Weise diese Ansprechpartner sind und Unterstützung anbieten?
prozessuale Orientierung	• Kennen die SuS den Ablauf, Aufgabenstellung, Zeitrahmen, Gruppeneinteilung, Erkundungsraum, Methode, Material? • Haben Sie diese Informationen auch schriftlich bekommen? • Haben alle SuS ihre Aufgaben verstanden? • Sind alle den Ablauf betreffenden Fragen geklärt? • Wissen die SuS um Ziel und Zweck der Erkundung? • Wissen alle SuS, wann sich die Gruppe wo wieder trifft?
Organisatorisches	• Haben die SuS das notwendige Material und die notwendige Ausstattung?
Sicherheit	• Wissen die SuS, wo sie die Lehrkraft finden? • Haben alle SuS die Möglichkeit, die Lehrkraft anzurufen? • Hat die Lehrkraft die Möglichkeit alle SuS schnell zu erreichen bzw. anzurufen?
Abschluss	• Sind alle SuS wieder am Treffpunkt? • Welche spontanen Eindrücke wollen die SuS mitteilen? • Welche Fragen haben sie? • Möchten SuS den Ansprechpartnern vor Ort oder der Lehrkraft Feedback geben? • Möchten die Ansprechpartner vor Ort oder die Lehrkraft den SuS Feedback geben? • Dank und Verabschiedung

Checkliste zur Nachbereitung	
inhaltliche Auswertung	• Welche Ergebnisse hat die Erkundung ergeben? • Wie sind diese zu deuten? • Welche Fragen und Widersprüche werfen sie auf? • Wie können sie zusammengefasst werden? • Wie können sie gesichert werden?
Präsentation	• In welcher Form werden die Ergebnisse den Mitschüler_innen präsentiert? • In welcher Form werden sie ggfs. weiteren Interessierten (Schulgemeinschaft, interessierte Öffentlichkeit) zugänglich gemacht?
Methodische Auswertung	• Wie bewerten die Lernenden und die Lehrkraft den Lernort, die Aufgaben, die Arbeitsweise und die Ergebnisse? • Hat die Exkursion die Erwartungen erfüllt? • Welche besonderen Erfahrungen – positiver oder negativer Art – wurden gemacht? • Wie schätzen alle Beteiligten den Lernertrag ein? • Gibt es Verbesserungsvorschläge oder Wünsche für eine nächste Exkursion?

Tabelle 6: eigene Darstellung

Anmerkungen

1 „Schülerorientierung", „Problemorientierung", „Erlebnisqualität" sowie „Lehrerinteresse" (Detjen 2013, 201)
2 „lebensweltlicher Bezug", „Authentizität des Ortes" sowie die „Teilnehmer- und Handlungsorientierung" (Grillmeyer 2006, 17)
3 „Handlungsorientierung", „Erfahrungsorientierung", „Projektzugang", (Karpa/Overwien/Plessow 2015, 7)
4 Karpa/Overwien/Plessow 2015,7 in Bezug auf Karpa/Lübbecke/Adam 2015 sowie Karpa/Overwien/Plessow 2015,7, auch Sauerborn/Brühne 2014, 12
5 Karpa 2015, 14 und Karpa u. a. 2015, 16.
6 In Berlin z. B. ist das im Bildungs- und Teilhabepaket geregelt.
7 Kaiser und Kaminski betiteln dies als „Überprüfungserkundung" (Kaiser/Kaminski 1999, 303, zitiert nach Detjen 2013, 201)
8 vgl. z. B. www.kasselassel.de

6. FÜNF ERPROBTE BEISPIELE AUSSERSCHULISCHEN LERNENS AUF DEM PRÜFSTAND

Nach der theoretischen Auseinandersetzung mit dem außerschulischen Lernen, mit seinen Potentialen und Grenzen sowie den Strategien, außerschulisches Lernen sinnvoll in das schulische Lernen einzubinden, sollen nun fünf erprobte Beispiele außerschulischen Lernens im Rahmen des Politikunterrichts vor- und auf den Prüfstand gestellt werden.

Die Auswahl dieser Beispiele berücksichtigt

- verschiedene **Didaktisierungsgrade** der Lernorte – es werden zwei nicht didaktisierte, ein teil-didaktisierter und zwei didaktisierte Lernorte vorgestellt –,
- verschiedene **Exkursionsformen** – eine Rallye, eine Erkundung, ein Theaterbesuch und zwei Aussstellungsbesuche –,
- verschiedene politische **Themenfelder** – Migration, postkoloniales Lernen, Nahostkonflikt sowie Europa –,
- verschiedene **Jahrgangsstufen** – von der 4. Klasse bis zum Oberstufenkurs –,
- verschiedene **didaktische Funktionen** des außerschulischen Lernens innerhalb einer Unterrichtssequenz – vom Einstieg über die Informations- und die Analyse- zur Handlungsphase und Urteilsbildung bis hin zur Vertiefung –,
- verschiedene **didaktische Prinzipien** – von der Handlungs- und SuS-Orientierung, über die Problemorientierung, die Medienbildung, den Lebensweltbezug oder die kulturelle Bildung –,
- verschiedene **methodische Schwerpunkte** – Quiz, Befragung, Zeitzeugengespräch, Standbild und Rollenspiel, Recherche bis hin zum Planspiel – sowie

- verschiedene **Lernprodukte** – Ausstellung, Zeitstrahl, Talkshow, Standbild/Rollenspiel, wechselseitige Führung.

Mit dieser Bandbreite soll ein umfassender und vielfältiger Überblick über verschiedene Formen des außerschulischen Lernens im Politikunterricht geschaffen werden. So unterschiedlich die Beispiele ausfallen, gemeinsam ist ihnen ein handlungsorientierter Zugang zu einer aktuellen und kontroversen politischen Fragestellung. Alle erprobten Beispiele werden im Folgenden in ihrem Inhalt und ihrer Struktur, ihren Möglichkeiten der Einbindung in das schulische Lernen sowie mit Blick auf ihre Potentiale und Grenzen vorgestellt. Gemachte Erfahrungen werden reflektiert und auf ihre Übertragbarkeit auf andere Orte oder Themen hin befragt.

Erprobte Beispiele – Übersicht

Leitfrage	**6.1 Migration in Kreuzberg – (k)ein neues Phänomen?**	**6.2 Soll die Lüderitzstraße umbenannt werden?**	**6.3 „The Situation" – Keine Lösung in Sicht?**	**6.4 Warum verlassen Menschen ihre Heimat?**	**6.5 Europa und ich?**
Themenfeld	Migration	(Post)Kolonialismus	Nahostkonflikt + Migration	Migration, Integration, innerdeutsche Flucht, Grundrechte	Europa
Exkursionsform	Actionbound Rallye mit Quiz in Berlin Kreuzberg	multiperspektivische Vor-Ort-Recherche im „Afrikanischen Viertel" mit Befragung von Anwohner_innen und Expert_innen	Theaterstück und theaterpädagogischer Workshop	Erkundung im Museum der Erinnerungsstätte Notaufnahmelager Marienfelde mit wechselseitiger Führung (und Zeitzeugengespräch)	Quiz, Recherche, Vortrag oder Planspiel in der multi-medialen *Erlebnis Europa* – Ausstellung
Art des Lernortes	nicht didaktisiert	nicht didaktisiert	teil-didaktisiert	didaktisiert	didaktisiert
Jahrgang	ab Klasse 7	ab Klasse 9	ab Klasse 10	Klasse 4 bis Klasse 13	ab Klasse 8

Leitfrage	6.1 Migration in Kreuzberg – (k)ein neues Phänomen?	6.2 Soll die Lüderitzstraße umbenannt werden?	6.3 „The Situation“ – Keine Lösung in Sicht?	6.4 Warum verlassen Menschen ihre Heimat?	6.5 Europa und ich?
Didaktische Funktion	Einstieg, Motivation, Fragen aufwerfen, Überblickswissen	Analyse und Urteilsbildung	Einstieg, Interesse und Betroffenheit wecken, Fragen aufwerfen	Einstieg, Analyse oder Vertiefung	Information, ggfs. Analyse
Didaktische Prinzipien	Handlungsorientierung, SuS-Orientierung, Medienerziehung, Lebensweltbezug, fächerübergreifendes Lernen	Handlungsorientierung, Problemorientierung, Kontroversität, Multiperspektivität, SuS-Orientierung, fächerübergreifendes Lernen	Handlungsorientierung, Kontroversität, Personalisierung, Perspektivwechsel, Empathiefähigkeit, kulturelles Lernen	Handlungsorientierung, Personalisierung, biographisches Arbeiten	Handlungsorientierung
Lernprodukte / Dokumentation	Zeitstrahl, Plakate, Ausstellung, Erstellung einer eigenen Actionbound	Talkshow	Standbild, Rollenspiel	Projektheft Spurensicherung, wechselseitige Führung	wechselseitige Führung, Plakate, Ausstellung

Tabelle 7: eigene Darstellung

Migration in Kreuzberg – (k)ein neues Phänomen? – Eine Actionbound-Rallye ab Klasse 7[1]

Was ist Actionbound?

Actionbound ist eine kostenlos und einfach zu installierende Smartphone-App, mit der bereits fertige Rallyes, sogenannte Touren (bounds), abgerufen und durchgeführt werden können. Leicht möglich ist es auch, diese zu erweitern, zu aktualisieren oder gänzlich neue zu entwickeln.

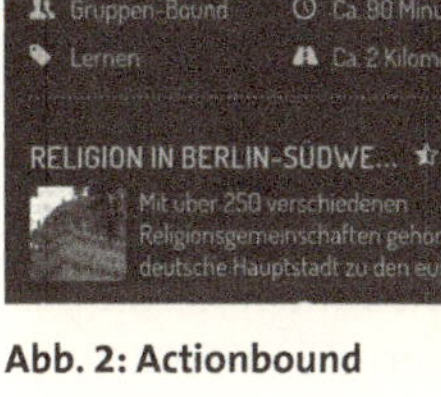

Abb. 2: Actionbound

Der Actionbound „Migration rund um die Oranienstraße"

Die hier ausgewählte Tour „Migration rund um die Oranienstraße" besitzt einen klaren historisch-politischen Bezug, indem sie Migrationsgeschichte(n) seit dem 19. Jahrhundert bis in die unmittelbare Gegenwart im Berliner Stadtteil Kreuzberg entdecken lässt. Anhand von Kartenausschnitten, Wegbeschreibungen und Aufgaben werden die Nutzer_innen der App durch den Stadtteil geleitet und erkunden selbstständig anhand baulicher Zeugnisse seine Migrationsgeschichte und -gegenwart.

Die Tour thematisiert anhand von zehn Stationen (KuB (Kultur- und Begegnungsstätte) in der Oranienstraße (1), Oranienburger Platz (2), Stolperstein für Bertha Flatow in der Naunynstraße (3), dem „Ballhaus Naunynstraße" (Postmigrantisches Theater) (4) und dem Jugendzentrum „Naunynritze" (5), dem Frauenbegegnungszentrum „Schokoladenfabrik" (6), dem Feuerwehr-Springbrunnen am Mariannenplatz (7), dem Kunsthaus „Bethanien" (8), der St.Thomas-Kirche (9) sowie dem „Baumhaus an der Mauer" (10)) fünf verschiedene Phasen der langen und wechselvollen Berlinerischen Migrationsgeschichte: Die Einwanderung von Hugenotten um 1850 (Station 8), die jüdische Migration aus Osteuropa nach Deutschland um 1900 (Station 3), die Migration türkischer Gastarbeiter_innen zwischen 1950 und 1990 (Stationen 1, 4-7 und 10), die Fluchtbewegung von DDR-Bürger_innen nach Westberlin zwischen Mauerbau und Mauerfall (Station 10) sowie die aktuelle Migrationsbewegung seit 2014 (Stationen 2 und 9).

Der ca. 90-minütige Rundgang beginnt am Moritzplatz und endet am „Baumhaus an der Mauer" am Mariannenplatz, er bewegt sich in einem Radius von circa einem Kilometer, sowohl sein Ausgangspunkt als auch sein Zielpunkt sind mit öffentlichen Verkehrsmitteln gut zu erreichen. Der Actionbound führt die SuS nicht nur zu den zehn Stationen und informiert sie zu diesen mittels kurzer Texte, sondern gibt ihnen an jeder Station auch eine sofort vor Ort zu lösende Aufgabe vor, wie z. B. Schätzaufgaben, Fotoaufträge oder Rechercheaufträge. Ihre Antworten geben die SuS direkt in das Programm ein und erhalten über eine unmittelbare Bepunktung Rückmeldungen zu ihrer Lösung.

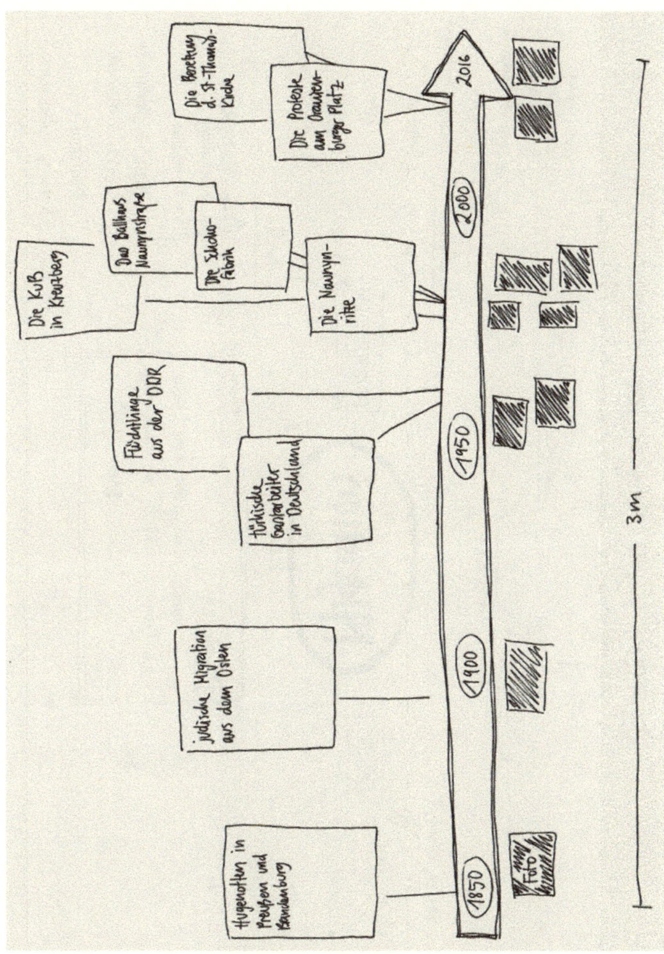

Abb. 3: Zeitstrahl zur Berliner Migrationsgeschichte, eigene Darstellung

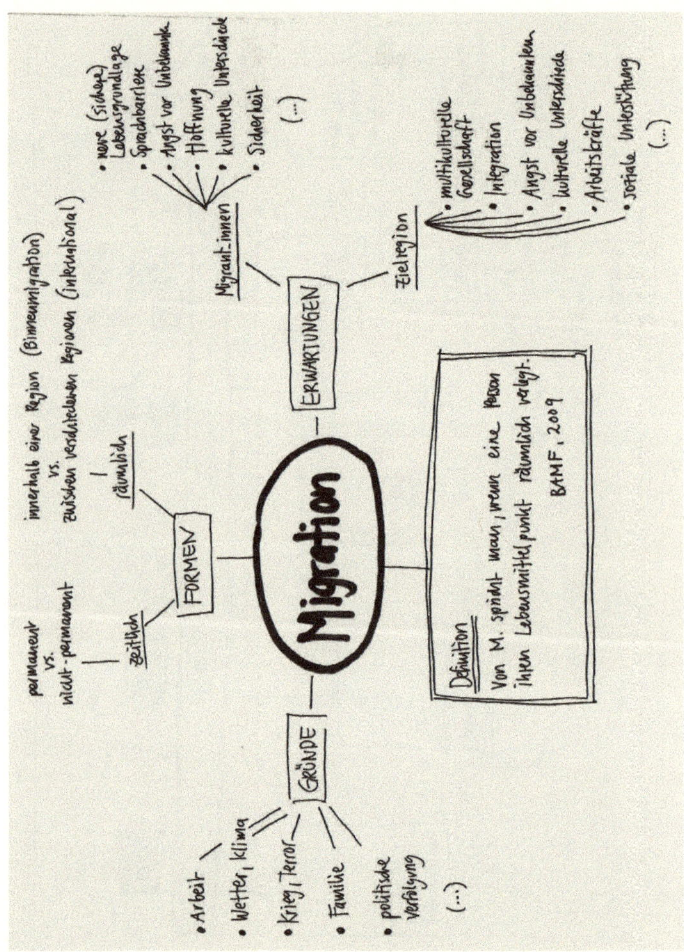

Abb. 4: Mindmap „Migration", eigene Darstellung

Die Einbindung in eine Unterrichtssequenz

Die Durchführung dieser Actionbound-Rallye sollte im ersten Teil einer Unterrichtssequenz stattfinden. Sie dient nach einer Sammlung von Vorwissen und einer Begriffsbestimmung als handlungsorientierter, lebensweltbezogener und anschaulicher Einstieg in das Themenfeld Migration, indem sie die SuS Zeugnisse der Migrationsgeschichte und -gegenwart in ihrer unmittelbaren Lebensumgebung entdecken lässt. Dabei gibt sie einen knappen Überblick über verschiedene Formen, Ursachen und Folgen von Migration und regt eine intensivere Beschäftigung mit ihnen an, die in den folgenden Stunden in der Schule zu leisten ist. Dort können sich die SuS – idealerweise arbeitsteilig – die verschiedenen Phasen berlinerischer Migrationsgeschichte anhand zusätzlicher Materialien vertieft erarbeiten und im Vergleich ihre Unterschiede, Gemeinsamkeiten, Herausforderungen und Lösungswege erschließen. Die SuS erkennen, dass die gegenwärtige Flüchtlingssituation ein keineswegs singuläres Phänomen ist, sondern eine weitere Etappe der Migrationsgeschichte darstellt.

Die Chancen einer Actionbound-Rallye

Dieser Sequenzeinstieg an einem außerschulischen Lernort verwirklicht in mehrfacher Weise das Prinzip der Handlungsorientierung. Nicht nur während des Rundgangs handeln die SuS bei der Suche des Weges in ihrer jeweiligen Kleingruppe und bei Rechercheaufträgen, z.T. auch in Kontakt mit Bewohnern des Stadtteils. Auch in der anschließenden Auswertung und Vertiefung der Rallye im Unterricht bieten sich als Lernprodukte ein Zeitstrahl und Plakate oder kleine Ausstellungsinstallationen als Dokumenationsform an, welche die Handlungskompetenz der SuS ebenso fordern. Möglicherweise ist das Medium Actionbound für manche SuS so motivierend, dass sie angespornt sind, den vorgegebenen Bound zu aktualisieren oder die Ergebnisse der arbeitsteiligen Auseinandersetzung mit einer bestimmten Phase der Migration in Kreuzberg wiederrum in Form eines, diesmal allerdings selbst entwickelten, Actionbounds zu präsentieren.

Sofern der Rundgang in ihrer Stadt, idealerweise sogar in ihrem Stadtteil stattfindet, ist mit dem unmittelbaren Lebensweltbezug auch das Prinzip der SuS-Orientierung erfüllt. Geschichte und Politik werden damit für die SuS anschaulich und unmittelbar in ihrem eigenen Stadtteil erlebbar, sie sind nicht weit entfernt und abstrakt. Die SuS-Orientierung ist außerdem auch in der Nutzung des Smartphones als mobilem Endgerät gegeben, kommt dieses Medium doch der Technikaffinität vieler SuS entgegen. Die Ausgestaltung des Rundgangs als Quiz mit unmittelbarer Rückmeldung ist zudem ein motivierendes Format. Möglicherweise kann dieser Rundgang durch den eigenen Stadtteil das Bewusstsein öffnen für die Geschichten, welche hinter städtebaulichen Zeugnissen stecken, und einen Anstoß geben auch in Zukunft „hinter die Fassaden" zu blicken.

Schließlich leistet der Rundgang auch einen Beitrag zur Medienerziehung, indem er die Nutzung des Smartphones und des Actionbounds voraussetzt. Stärker tritt dieser Aspekt hervor, wenn SuS einen vorgegebenen Actionbound ergänzen bzw. aktualisieren oder ggfs. einen eigenen erstellen, was aufgrund der einfachen Bedienung des Actionbounds tatsächlich ohne größeren Aufwand möglich ist.

In der Einbeziehung historischer, politischer und stadtgeographischer Inhalte verwirklicht der Actionbound und seine Vertiefung im Unterricht außerdem fächerübergreifendes Lernen. Die authentische Begegnung mit der Wirklichkeit sprengt die schulischerseits gezogenen Fächergrenzen.

Die Grenzen einer Actionbound-Rallye

Die Qualität und Aktualität des Actionbounds, die Aufsichtspflicht und das Quizformat setzen dieser Form des außerschulischen Lernens Grenzen.

Die Qualität des Actionbounds besteht wesentlich in der Auswahl der Stationen, den zu ihnen angebotenen Sachinformationen sowie den gestellten Aufgaben. Die Auswahl sollte repräsentativ und ausgewogen sein, die Informationen selbstverständlich fachlich korrekt, multiperspektivisch und aktuell sein. Da Actionsbounds von jedem erstellt und ohne fachliche Prüfung zur Verfügung gestellt werden können, ist es die Aufgabe der Lehrkraft – wie bei jedem anderen Material auch – zu prüfen, ob der Actionbound dem Kontroversitätsgebot und dem Überwältigungsverbot (des Beutelsbacher Konsenses) standhält.

Gerade ein Rundgang, der aktuelle Aspekte einbezieht, birgt die Gefahr schnell nicht mehr den aktuellen Stand abzubilden. So bezieht sich beispielsweise die Aufgabe an der Station 2 auf ein temporäres Flüchtlings- und Protestcamp, was es gegenwärtig nicht mehr gibt. Die Aufgabe an der Station 5 konnte bei unserer Erprobung nicht gelöst werden, weil ein Baugerüst das Wandgemälde, nach dem gefragt wird, verdeckte. Ein vorheriger Testlauf seitens der Lehrkraft ist also unbedingt erforderlich, sodass diese die Funktionalität des Rundgangs einschätzen und bei städtebaulichen Veränderungen Hinweise geben kann.

Zudem muss sie entscheiden, ob die SuS ihrer Lerngruppe selbstständig und verantwortungsvoll genug sind, ohne die Begleitung eines Erwachsenen die Route in Kleingruppen zu gehen.

Das Quizformat birgt neben seiner bereits erwähnten Motivationsfunktion allerdings auch die Gefahr der nur flüchtigen Auseinandersetzung mit dem auf Wissensfragen beschränkten Inhalt im alleinigen Blick auf die zu gewinnenden Punkte und den Wettbewerbscharakter des Mediums. Aufgrund dessen und mit Blick auf den Überblickscharakter des Rundgangs kann er – wie erwähnt – im Einstieg, zur Motivation und zur Anregung einer Fragehaltung dienen, findet darin aber eben auch seine Grenze. Eine weiterführende Analyse oder gar Urteilsbildung kann er allein nicht anregen.

Die Übertragbarkeit der Idee auf andere Orte und Themen

Deutschland- und europaweit liegen bereits über 1000 Touren (bounds) vor, allein für Berlin gibt es über 50, allerdings fokussieren bei weitem nicht alle Angebote politische Themen. Die Übertragbarkeit des vorgestellten Projektes steht und fällt also mit dem Angebot an Actionbounds zum Lebensraum der Lerngruppe und zum vorgesehenen Themenfeld sowie mit der Technikbegeisterung -und Affinität der betreuenden Lehrkraft und der Lernenden.

Auch die Bundeszentrale für politische Bildung hat Smartphone-Apps als schüler_innenorientiertes Format entdeckt und bietet u.a. die preisgekrönte App „Tod an der Berliner Mauer“ (http://pb21.de/2013/05/tod-an-der-berliner-mauer/) an.

Anschlussmöglichkeiten

Eine vertiefte Auseinandersetzung mit der gegenwärtigen Situation von Geflüchteten in Deutschland ist ausgehend von der skizzierten Unterrichtssequenz selbstverständlich und jeweils mit Bezug auf die unmittelbare Lebenswelt der Jugendlichen möglich. Dabei bieten sich z.B. die Begegnung mit Geflüchteten im Alter der SuS oder mit ehrenamtlichen oder hauptamtlichen Helfer_innen an, womit sich in Form gemeinsamer Aktionen oder Patenschaften, einer Erkundung oder einer Expertenbefragung weitere Varianten des außerschulischen Lernens eröffnen.

Soll die Lüderitzstraße umbenannt werden? – Vor-Ort-Recherche ab Klasse 9[2]

Straßenumbenennungen

Werden Straßen oder öffentliche Plätze nach Personen benannt, gilt dies als Anerkennung ihrer Leistungen und als Wertschätzung ihrer Verdienste. Straßenbenennungen sind somit auch stets ein Element von Geschichtsschreibung, Erinnerungskultur und gesellschaftlicher Selbstbespiegelung. Initiativen zu Straßenumbenennung sind folgerichtig der Versuch, diese Personen- oder Geschichtsdarstellung in Frage zu stellen und neu zu schreiben. So sind sie Ausdruck eines öffentlich sichtbaren Kampfes um die „wahre“ Narration, in der immer Konfliktlinien zwischen Bewahrer_innen und Erneuer_innen deutlich werden, meist mit fachwissenschaftlicher, häufig auch mit parteipolitischer Unterstützung.

Die Auseinandersetzung um die Umbenennung von Straßen im „Afrikanischen Viertel“ in Berlin-Wedding

Die Benennung von Straßen im „Afrikanischen Viertel“ in Berlin-Wedding nach afrikanischen Staaten (z.B. *Kameruner Straße,*

Togostraße) oder nach Tätern deutscher Kolonialherrschaft (z. B. *Lüderitzstraße, Nachtigalplatz* und *Petersallee*) spiegelt deutsche Kolonialgeschichte wider. Die Straßenbenennungen sollten Berlins Stellung als Kolonialmetropole unterstreichen und die imperiale Expansion des deutschen Kaiserreiches geographisch dokumentieren (Honold 2003: 318), auch als Deutschland nach dem ersten Weltkrieg keine Kolonialmacht mehr war.

a

b

c

Abb. 5:
Straßenschilder im afrikanischen Viertel.

a http://de.indymedia.org/2010/12/296378.shtml

b Foto: privat

c http://www.berlin-postkolonial.de/cms/images/artikelbilder/AfrikanischesViertel/cdu_1000.jpg

In der seit Jahren bestehenden Auseinandersetzung um die Umbenennung der Straßen stehen sich drei erinnerungspolitische Lösungsmöglichkeiten gegenüber:

Abgeordnete der CDU im Wedding sprechen sich gegen die Umbenennung der jetzigen Straßennamen aus, weil sie diese als historisch unproblematisch ansehen und eine Umbenennung einen hohen bürokratischen Aufwand nach sich ziehen würde. Damit vertreten sie auch die Position vieler Anwohner_innen des „Afrikanischen Viertels", vor allem die der Mitglieder des Vereins *Pro Afrikanisches Viertel*.

Die *Straßeninitiative*, ein breites Bündnis verschiedener Gruppierungen, z. B. der Vereine *AfricAvenir* und *Berlin Postkolonial*, unterstützt auch vom *Migrationsbeirat*, setzt sich mit dem Ziel der Erinnerung an die deutsche Kolonialvergangenheit gegen eine Umbenennung der Straßennamen ein, die nach Staaten benannt sind, jedoch vehement für eine Umbenennung derjenigen Straßennamen, die Kolonialisten ehren. Dies sind vor allem die Lüderitzstraße, die Petersallee und der Nachtigalplatz.

Als dritte Variante vertreten einige Mitarbeiter_innen des August-Bebel-Institutes, eine der SPD nahestehende Einrichtung der politischen Bildung, die Forderung, die Straßennamen beizubehalten, allerdings ergänzt um einen Lern- und Gedenkort, der Hinweise auf ihre Geschichte geben und somit historisches Erinnern ermöglichen soll. Diese Variante ähnelt der von der Senatsverwaltung für Stadtentwicklung und Umwelt 2011 angestoßenen Initiative eines *Lern- und Erinnerungsortes Afrikanisches Viertel (LEO)*. Nach jahrelanger Auseinandersetzung hat 2016 die zuständige Bezirksverordnetenversammlung beschlossen, die Lüderitzstraße, die Petersallee und den Nachtigalplatz tatsächlich umzubenennen. Anfang 2017 bat das Bezirksamt Mitte um Vorschläge für neue Straßennamen (strassenumbenennung@ ba-mitte-berlin).

Multiperspektivische Vor-Ort-Recherche im „Afrikanischen Viertel"

Der nicht didaktisierte Lernort „Afrikanisches Viertel" dient in diesem Beispiel als Schauplatz einer vierteiligen multiperspektivischen Vor-Ort-Recherche, in welcher die SuS maßgeblichen Akteur_innen der Auseinandersetzung um die Straßenumbenennungen begegnen und sie nach ihren Positionen und Argumenten befragen. Ausgestattet mit Kartenmaterial und Arbeitsaufträgen werden die SuS in Kleingruppen an vier Stationen innerhalb des „Afrikanischen Viertels“ geschickt:

1. Die Informations- und Gedenkstele am U-Bahnhof Rehberge

Die 2012 vom Bezirksamt Mitte unter Mitwirkung der *Straßeninitiative* aufgestellte Informations- und Gedenkstele ist Zeugnis der erinnerungspolitischen Variante, die Straßennamen bestehen zu lassen, sie aber mit Hilfe zusätzlicher Informationen zur kritischen Auseinandersetzung mit der deutschen Kolonialgeschichte zu nutzen. Interesssanter Weise zeigt die Stele auf ihren beiden Seiten zwei verschiedene Darstellungen der Geschichte des „Afrikanischen Viertels“. Die Darstellung auf der dem Eingang des U-Bahnhofs zugeneigten Seite verantwortet das Bezirksamt Mitte, die Version auf der gegenüberliegenden Seite gibt die Position der Black Community wieder. Sie sind das Ergebnis eines jahrelangen Aushandlungsprozesses, der in seiner Multiperspektivität auf die Kontroversität der Thematik verweist und explizit auf die Standortgebundenheit jeglicher Darstellung und die Unmöglichkeit eines „objektiven“, einzig „wahren“ Narrativs aufmerksam macht. Genau dies sollen die SuS mithilfe entsprechender Arbeitsaufträge erkundend-entdeckend erschließen.

2. Das Bürgerbüro des Ortsverbandes der CDU

Im Bürgerbüro des Ortsverbandes der CDU (Neue Hochstraße 48) treffen die SuS Sven Rissmann, den Vertreter der Weddinger CDU im Berliner Abgeordnetenhaus und Gegner der Straßenumbenennung. Ihn befragen die SuS nach seiner Position und seinen Argumenten in der Auseinandersetzung anhand vorgegebener und eigener Fragen.

3. Interviews mit Anwohner_innen des Viertels

Die SuS sollen außerdem Anwohner_innen des Viertels befragen nach ihrem Wissen über den Namen der Straße, in der sie wohnen, nach ihrer Position im Streit um die Straßenumbenennung und nach ihren Argumenten.

4. Experteninterview mit einem Mitglied des Vereins Berlin Postkolonial im Café Fredericks

Die SuS-Kleingruppen, die in unterschiedlicher Reihenfolge die ersten drei Stationen abgegangen sind, treffen sich zu einem vereinbarten Zeitpunkt alle im Café Fredericks, dessen Namensgebung auf den Nama-Führer und Widerstandskämpfer gegen die deutschen Kolonialisten Josef Fredericks verweist. Hier führen alle SuS gemeinsam ein Experteninterview mit Herrn Mboro Mnyaka Sururu, Vorstandsmitglied des Vereins *Berlin Postkolonial* und aufgrund seiner Herkunft aus einer ehemaligen deutschen Kolonie unmittelbar Betroffener der Straßenumbenennungsdebatte. Auch ihn befragen die SuS nach seiner Position und seinen Argumenten. Darüberhinaus kann die Befragung aber auch auf die umfassendere Fragestellung nach einem verantwortungsvollen Umgang des deutschen Staates mit der deutschen Kolonialvergangenheit, auf persönliche Rassismuserfahrungen und Anti-Rassismus-Strategien ausgeweitet werden.

Die Einbindung der Vor-Ort-Recherche in die Unterrichtssequenz

Das außerschulische Lernen ist in diesem Fall in der Mitte einer Unterrichtssequenz platziert. Nach einer einleitenden Hinführung zum politischen Problem der Straßenumbenennung und grundlegenden Informationen zum deutschen Kolonialismus in „Deutsch-Südwestafrika" bildet die Erkundung die Analysephase der Unterrichtssequenz, welche als Grundlage der abschließenden Urteilsbildung dient. Die Auswertung der Erkundung könnte in Form einer im Klassenraum simulierten Talkshow erfolgen, in welcher die in der Erkundung befragten Gesprächspartner als von SuS gespielte Rollen wieder vertreten sind.

Die Chancen des Lernortes „Afrikanisches Viertel"

Die multiperspektivische Vor-Ort-Recherche erfüllt das Prinzip der Handlungsorientierung. Die SuS treffen Akteure und unmittelbar Betroffene der Auseinandersetzung um die Straßenumbenennung, befragen sie und erarbeiten sich so forschend-entdeckend einen Überblick über die im Streit vertretenen Positionen und ihre Argumentationen. Wird die Recherche in einer Talkshow ausgewertet, so werden die SuS auch in dieser Phase simulativ handelnd tätig.

Die Problemorientierung der Unterrichtssequenz wird in der exemplarischen Konzentration des Themenfeldes postkolonialistische Erinnerungspolitik auf die Frage nach der Umbenennung der Lüderitzstraße deutlich, die kein didaktisch konstruiertes, sondern ein seit Jahren virulentes realpolitisches Problem auf kommunalpolitischer Ebene darstellt.

Die SuS-Orientierung liegt in der Sichtbarmachung „großer Politik" im „Kleinen", in der Lebenswelt der SuS, unmittelbar vor ihrer „Haustür", sofern sie im Stadtteil wohnen oder sich ihre Schule dort befindet.

Die Kontroversität der Fragestellung liegt mit Blick auf die drei Lösungsvarianten und auf die Dauer des Konfliktes auf der Hand. Die verschiedenen Stationen der Vor-Ort-Recherche und ihre dortigen Gesprächspartner versinnbildlichen die Konfliktpole der Auseinandersetzung und sind Ausdruck der Multiperspektivität dieser Unterrichtssequenz.

So kann ein politisches Problem konkret sichtbar gemacht werden, es wird räumlich und personalisiert anschaulich und authentisch erfahrbar. Mit Herrn Rissmann und Herrn Mboro lernen die SuS nicht nur zwei gegensätzliche Akteure der Auseinandersetzung kennen, sondern auch einen mittelbar und einen – aufgrund seiner Herkunft und seiner Familiengeschichte – unmittelbar Betroffenen des politischen Problems. Die SuS begegnen an einem Vormittag gegensätzlichen Perspektiven und sind somit mit einem Perspektivwechsel konfrontiert, den sie hoffentlich auch aktiv nachvollziehen. Die Begegnung mit einem unmittelbar betroffenen Aktivisten steigert erfahrungsgemäß die Betroffenheit der SuS und ihre Motivation.

In der Verknüpfung von historischem, politischem und stadtgeographischem Zugang verwirklicht die Vor-Ort-Recherche nicht zuletzt das Konzept des fächerübergreifenden Lernens.

Die Grenzen des Lernortes „Afrikanisches Viertel"

Die Grenzen dieser Form des außerschulischen Lernens liegen in der Aufsichtspflicht, der Verfügbarkeit der Expert_innen und den methodischen Fähigkeiten der SuS.

Die Vor-Ort-Recherche an den ersten drei Stationen ist nur in Kleingruppen und nur in der Erkundung der Stationen in unterschiedlicher Reihenfolge sinnvoll und ertragreich. In diesem Fall ist es der Lehrkraft allerdings nicht mehr möglich ihrer Aufsichtspflicht nachzukommen, was abhängig vom Grad der Selbstständigkeit und dem Verantwortungsbewusstsein in Zeiten des Handys und mit Blick auf einen kleinen räumlichen Radius der Erkundung im Einzelfall abzuwägen und hoffentlich vertretbar ist.

An einem Vormittag zwei Expertengespräche zu terminieren, erfordert eine langfristige Planung und ist angesichts der Notwendigkeit spontaner und hoher Flexibilität im schulischen Alltag mitunter trotz guter Planung aufgrund anderer schulischer Ereignisse nicht immer durchsetzbar.

Schließlich setzen die Expertengespräche als auch die Interviews mit Anwohner_innen des Stadtviertels ausgeprägte methodische Fähigkeiten seitens der SuS voraus. Sie müssen nicht nur in der Lage sein, die Gesprächspartner_innen in einer höflichen und zugleich zielstrebigen Form zu befragen, sondern auch geübt sein, offene Fragen zu formulieren, diese in eine sinnvolle Reihenfolge zu bringen, die gegebenen Antworten zu dokumentieren und diese schließlich ergiebig auszuwerten. All diese methodischen Fähigkeiten müssen *vor* der Durchführung der Recherche angebahnt und trainiert werden, um den Ertrag des außerschulischen Lernens nicht zu gefährden.

Die Übertragbarkeit der Idee auf andere Orte und Themen

Auseinandersetzungen um Straßen(um)benennungen gibt es regelmäßig. Weitere Beispiele in Berlin sind die 2009 erfolgte Umbenennung des ehemaligen Groebenufers in Kreuzberg in May-

Ayim Ufer oder der seit Jahren währende und noch andauernde Streit um die in Berlin-Mitte gelegene M(ohren)straße. In Münster z. B. war der vor dem Schloss an prominenter Stelle gelegene Hindenburg-Platz Ausgangspunkt von ebensolchen Auseinandersetzungen. Voraussetzung für das Aufgreifen dieser Thematik im Politikunterricht ist einerseits natürlich das Vorhandensein eines solchen Falles im Lebensumfeld der Lerngruppe, andererseits die Exemplarität des jeweiligen Falles. Das hinter der Umbenennung stehende Themenfeld muss ausreichend bedeutsam sein, um es in der exemplarischen Fokussierung zu behandeln.

Die Ausweitung eines Expertengesprächs auf zwei Personen, die kontroverse Positionen vertreten, ist grundsätzlich in zahlreichen thematischen Zusammenhängen zu empfehlen, ist es doch ein wirksames Mittel, der per se fehlenden Kontroversität entgegenzuwirken, wenn nur eine Person als Expert_in eingeladen wird.

The Situation – Keine Lösung in Sicht? – Theaterbesuch ab Klasse 10[3]

Das Theaterstück *The Situation*

Das 2016 von der israelischen Regisseurin Yael Ronen und ihrem Ensemble entwickelte, am Gorki Theater Berlin aufgeführte Theaterstück *The Situation* versetzt den Nahostkonflikt, von vielen Menschen in der Konfliktregion schlicht als „The Situation" benannt, in einen, in Berlin-Neukölln stattfindenden, Deutschkurs. Hier unterrichtet der engagierte, aber regelmäßig in Fettnäpfchen tappende Deutschlehrer Stefan fünf Menschen, die alle aus der Konfliktregion stammen und die es sämtlich nach Berlin geführt hat: das sich in Scheidung befindende Ehepaar Noa und Amir, sie jüdische Israelin, er palästinensischer Israeli, der syrische Filmemacher und Schmuggler Hamoudi, der in der Westbank aufgewachsene, Pacour-laufende und Hip-Hop-singende Palästinenser Karim und die im palästinensischen Flüchtlingslager Dschenin aufgewachsene Schauspielerin Laila. In sieben Szenen, hier passend zum Rahmen gebenden Deutschkurs „Lektionen“ genannt (1. Wer bist du?, 2. Wo kommst du her?, 3. Was machst du hier?, 4. Wir – Ihr, 5. Wenn – Dann, 6. Vergangenheit, 7. Konjunktiv) erzählen die Figuren von ihrem Leben in ihrer Heimat und in Berlin, ihren Migrationsgründen, von ihren – häufig stereotypen – Sichtweisen aufeinander, die durch die in ihrer Herkunftsregion undenkbare und nun in Berlin mögliche, direkte Begegnung ins Wanken geraten, und schließlich von ihren vorhandenen oder fehlenden Hoffnungen auf eine politische Lösung in Nahost und eine selbstbestimmte Zukunft. In der vorletzten Szene offenbart Stefan in einem langen Monolog seine Identität als aus Kasachstan umgesiedelter Russlanddeutscher Sergej. Damit öffnet sich die Thematik vom Nahost-Konflikt zum umfassenderen Thema Migration. Mal temporeich, laut, streitlustig und humorvoll, mal nachdenklich, leise und ernst, stets aber berührend, bühnenbildnerisch einzig von einem breiten, reclam-gelben, beweglichen und teilbaren Treppenblock unterstützt, bietet die Inszenierung auch jugendlichen, wenig Theater erprobten Zuschauer_innen eine ungewöhnliche Zugangsweise zu schwergewichtigen Themen.

Theaterpädagogische Workshops

Die Mitarbeiter_innen der Theaterpädagogik des *Gorki Theaters* bieten zu zahlreichen Inszenierungen des Hauses kostenlose vor- oder nachbereitende Workshops an. Während vorbereitende Workshops zum Stück hinführen, indem sie mittels theaterpädagogischer Methoden Figuren oder Fragestellungen des Stücks kurz vorstellen und bereits persönliche Bezüge zu den Zuschauer_innen eröffnen, sammeln und klären nachbereitende Workshops die Seherfahrungen und Fragen der SuS nach dem Theaterbesuch, geben Hintergrundinformationen zur Entstehung und Inszenierungsidee des Stücks, zu seinen zugrunde liegenden Inhalten und stellen wiederum eine Verknüpfung zwischen dem Bühnengeschehen und den Lebensrealitäten der SuS her.

Anknüpfungspunkte für den Politikunterricht

Das 90-minütige Theaterstück bietet zahlreiche, für den Politikunterricht fruchtbare Anknüpfungspunkte: Neben dem offensichtlich thematisierten Nahost-Konflikt, der das Leben von fünf der sechs Figuren fundamental bestimmte und noch bestimmt, selbst wenn sie im Moment fern ihrer Heimatregion leben, geht es auch um die Themen Migration und Integration, um Selbst- und Fremdwahrnehmung, um Stereotype und deren In-Frage-Stellung, um Anders- und Fremdsein, um Identität.

Die Einbindung des Theaterbesuches in eine Unterrichtssequenz

Bildet der Nahost-Konflikt den thematischen Anknüpfungspunkt des Theaterbesuches, so bietet dieser sich als *Einstieg* in die Unterrichtssequenz an. Das Theaterstück bietet einen sicherlich ungewohnten, handlungsreichen, vermutlich eindrucksvollen, stärker emotionalen Zugang zu einer komplexen Thematik. Es thematisiert den Nahost-Konflikt nicht systematisch erschließend, sondern stellt seine Auswirkungen auf Menschen dar, die der Konfliktregion entstammen, die zwar der Region, dem Konflikt selbst jedoch nicht entfliehen können. So bringt es individuelle, von einer politischen Konfliktsituation bestimmte Schicksale auf die Bühne und ermöglicht damit einen persönlichen Zugang zu einem der langwierigsten und komplexesten Konflikte der Gegenwart. Es zeigt Politik in ihren Auswirkungen auf Menschen. Selbstverständlich sind weder das Theaterstück selbst, noch ein vorbereitender, 1,5-stündiger und auch nicht ein nachbereitender, 4-stündiger Workshop in der Lage, den Nahost-Konflikt in seiner Komplexität abzubilden oder gar zu erklären. Dies sollte der, in der Schule folgende Unterricht in einer systematischen Aufarbeitung zu leisten versuchen, z. B. anhand einer Konfliktanalyse, die nach Ursachen, Beteiligten, Phasen und Lösungsmöglichkeiten fragt. Vielmehr besteht der Mehrwert des Theaterstückes für den Politikunterricht in einer wahrscheinlichen Öffnung der SuS für die Thematik. Es provoziert zahlreiche Fragen, gibt zunächst selber aber wenige Antworten. Wird im folgenden Unterricht der Konflikt erarbeitet, so sind dann Bezüge zum Theaterstück vielfach möglich, bilden die verschiedenen Figuren doch unterschiedliche Positionen des Konfliktes ab und zeigen seine Auswirkungen auf die betroffenen Menschen anschaulich auf.

Die Chancen des Lernortes Theater

Handlungsorientierung verspricht der Theaterbesuch in einer veränderten, überlicherweise nicht mit diesem Begriff verbundenen Auslegung: Die SuS begegnen einem bedeutsamen politischen Problem mittels auf der Theaterbühne handelnder Figuren. Setzen sich die SuS mit theaterpädagogischen Mitteln in einem nachbereitenden Workshop mit dem Stück auseinander, werden sie außerdem selbst zu Handelnden: In Annäherung oder Abwendung zu Fotos der Figuren positionieren sie sich zu diesen, formulieren zunächst körpersprachlich, welche Figur sie besonders beeindruckt oder abgestoßen, interessiert oder gelangweilt hat, um dann ihre Haltung zu verbalisieren und zu begründen. In Standbildern greifen sie ihnen bedeutsame Szenen des Theaterstücks wieder auf und formulieren damit ihr Verständnis der Szene. In einem Rollenspiel spielen sie Szenen des Theaterstückes weiter, trainieren den Perspektivwechsel und erproben eigene Lösungswege. Oder sie entwickeln eigene, in ihre Lebenswelt übertragene Szenen zu im Theaterstück angestoßenen Themen wie Heimat, Fremdsein oder Identität. Das Rollenspiel kann dabei eine Erfahrung ermöglichen, welche über eine rein kognitives Verstehen hinausgeht.

Die Darstellung eines politischen Problems mittels auf der Theaterbühne handelnder Figuren arbeitet mit dem Prinzip der Personalisierung. Der Nahostkonflikt nimmt Gestalt an, wird in Figuren und menschlichen Schicksalen anschaulich. Die Tatsache, dass die Ensemble-Mitglieder bei der Stückentwicklung stark auf biographische Hintergründe bauen, dass sie bei diesem Theaterstück als Schauspieler_innen tatsächlich ihre eigene Lebensgeschichte auf die Bühne bringen, kann die Wirkung dieses Stilmittels noch erhöhen. Wahrscheinlich ist, dass die Personalisierung die Fähigkeit zum Perspektivwechsel und zur Empathie bei den SuS fördert.

Mittels der Verlagerung in einen in Berlin stattfindenden Deutschkurs wird der Nahostkonflikt zudem nah an die Lebenswelt der SuS herangeführt, er rückt vor die „eigene Haustür", womit das Prinzip der SuS-Orientierung verwirklicht wird. Wenn in einem theaterpädagogischen Workshop unmittelbare Verknüpfungen zwischen den durch die Bühnenfiguren aufgeworfenen Fragen und den Auffassungen und Erfahrungen der SuS ermöglicht werden, z.B. bezogen auf die Erfahrung des „Fremdseins“, so ist SuS-Orientierung in sehr direkter Weise umgesetzt. Im besten Fall wird das Bühnengeschehen für sie tatsächlich bedeutsam, erleben sie eine unmittelbare Betroffenheit.

Kontroversität erlangt das Theaterstück mittels der Vielzahl der auf die Bühne gebrachten, in den Figuren dargestellten Perspektiven auf den Konflikt.

Der Besuch einer Theateraufführung, fernab des Klassenraums im – für SuS zumeist fremden – Theaterraum, einem Raum der „Hochkultur“ und der „Erwachsenenwelt“, der eine 90-minütige Aufmerksamkeitsspanne erwartet und Abschweifungen weitestgehend unmöglich macht, ist ein Element kulturellen Lernens und kann mittels theatraler Ästhetisierung ein starkes, emotional wirksames Erlebnis sein, das SuS im besten Fall für eine komplexe Thematik aufschließen und sie in eine aktive Fragehaltung versetzen kann.

Die Grenzen des Lernortes Theater

Mit den beiden zuletzt genannten Aspekten – Kontroversität und Erlebnischarakter mittels Ästhetisierung – sind zugleich aber auch Grenzen des Theaters als Medium des Politikunterrichts angesprochen.

Theater ist – anders als die politische Bildung – nicht dem Gebot der Kontroversität und dem Verbot der Überwältigung verpflichtet. Es kann und darf einseitig sein, übertreiben, verzerren und provozieren. Es ist keinem – wie auch immer gearteten – intersubjektiven Wahrheitsanspruch verpflichtet. Politikunterricht hingegen ist genau dies. Daher bleibt es die Aufgabe der Lehrkraft, die möglicherweise fehlende Kontroversität im – dem Theaterbesuch folgenden Unterricht – durch Einordnungen oder Ergänzungen sicherzustellen.

Theater darf und will mitunter inhaltlich oder emotional überwältigen, Politikunterricht darf dies nicht. Daher ist es entscheidend, dass die Nachbereitung eines Theaterbesuches Raum gibt, mögliche emotionale oder inhaltliche Überwältigung zu formulieren und sie für eine kognitive Auseinandersetzung fruchtbar zu machen.

Theater ist stets Fiktion, unabhängig davon wie realitätsnah und biographisch die Stoffe sind, die es verarbeitet. Politikunterricht fordert jedoch stets die Auseinandersetzung mit Realität(en), er muss nach dem Verallgemeinerbaren in den, auf der Bühne vorgestellten Handlungen und Geschichten suchen und diese aufzeigen. Er ist verpflichtet zu prüfen, inwiefern das Exemplarische das Allgemeine oder „nur" das Individuelle vertritt.

Theater ist immer Kunst und somit Ästhetisierung und Verfremdung. Diese zu entschlüsseln, muss von SuS gelernt werden, sie kann von Lehrkräften nicht als gegeben vorausgesetzt werden.

Die Tatsache, dass Theater Eintritt verlangt und damit Kosten entstehen, setzt dem Theater als außerschulischem Lernort finanzielle Grenzen, die mit ermäßigten Preisen für SuS und Gruppen oder durch Sonderkonditionen für Schulklassen aber zumindest gemildert werden.

Die Übertragbarkeit der Idee auf andere Orte und Themen

In Berlin haben zahlreiche Theater politische Stücke in ihrem Repertoire:

Das *Grips Theater* zielt auf Kinder und Jugendliche von 6 bis 16 Jahren und bietet aktuell z. B. für Grundschüler_innen das Stück *Aus die Maus*, das Obdachlosigkeit thematisiert, und für Jugendliche das auf dem Bericht von Jürgen Todenhöfer basierende Stück *Inside IS*, welches die Verführungsstrategien extremistischer Islamisten aufgreift. Auch das für Kinder produzierende *Atze Musiktheater* bringt mit *Alles wird gut* (Flucht und Ankommen in Deutschland) oder *Die Ministerpräsidentin* (Wahlrecht für Kinder) politische Stoffe zur Aufführung.

Das *Theater Strahl* spezialisiert sich auf Jugendliche von 12 bis 16 Jahren und bringt u. a. mit *Krieg. Stell dir vor, er wäre hier* eine Inszenierung von Janne Kellers gleichnamigen Essays auf die Bühne. Es bietet neben den Theateraufführungen auch Nachbesprechungen und die Vermittlung von Expertengesprächen an.

Die Berliner Bühnen, die ein erwachsenes Publikum ansprechen, führen ebenso zahlreiche für den Politikunterricht in der Oberstufe geeignete Theaterstücke auf (in der *Schaubühne* z. B. Milo Rauhs *Mitleid. Die Geschichte des Maschinengewehrs* oder sein Stück *Empire*, im *Deutschen Theater* z. B. von Schirachs *Terror* oder Houellebecqes *Unterwerfung*).

Aber auch unabhängig von großen Bühnen lässt sich politisches Theater finden. So bietet beispielsweise die *Bühne für Menschenrechte* (http://buehne-fuer-menschenrechte.de) derzeit drei Stücke *Die Asyl-Monologe, Die Asyl-Dialoge* und *Die NSU-Monologe* an. Sie stellt mit dem Mittel des dokumentarischen Theaters Menschenrechte und verschiedene Formen der Diskriminierung in den Mittelpunkt ihrer Arbeit. In Zusammenarbeit mit lokalen Organisationen lassen sich bundesweit Aufführungen organisieren.

Warum verlassen Menschen ihre Heimat? – Erkundungen in der *Erinnerungsstätte Notaufnahmelager Marienfelde* ab Klasse 4

Die *Erinnerungsstätte Notaufnahmelager Marienfelde*

Die *Erinnerungsstätte Notaufnahmelager Marienfelde* gehört seit 2009 ebenso wie die *Gedenkstätte Berliner Mauer* zur *Stiftung Berliner Mauer* und befindet sich genau wie diese an einem originalen Schauplatz. Seit seiner Eröffnung 1953 bietet der Ort bis heute Menschen, die aus verschiedenen Gründen und unterschiedlichen Regionen flüchten, Aufnahme und Schutz:

Von 1953 bis 1990 war das Notaufnahmelager 36 Jahre lang für 1,35 Millionen aus der DDR geflüchteter Menschen die erste Anlaufstelle auf West-Berliner Boden. Hier wurden sie von deutschen und alliierten Dienststellen aufgenommen, betreut und dann in die westdeutschen Bundesländer weiter geleitet. Von 1990 bis Sommer 2010 wurden die Gebäude 20 Jahre lang als Zentrale Aufnahmestelle des Landes Berlin für Aussiedler genutzt. Seit Dezember 2010 werden die Gebäude als Übergangswohnheime für Geflüchtete und Asylbewerber_innen betrieben.

Im ehemaligen Haupthaus des Aufnahmelagers dokumentiert eine Ausstellung die Geschichte der deutsch-deutschen Fluchtbewegung in sieben Themenräumen – 1. *Gründe zu gehen*, 2. *Wege in den Westen*, 3. *Das Notaufnahmeverfahren*, 4. *Das Notaufnahmelager*, 5. *„Feindobjekt" Marienfelde*, 6. *Im Westen angekommen*, 7. *Flucht und Ausreise im Spiegel der Kunst* - und in einer mit Originalmobiliar aus den 1950er Jahren bestückten Flüchtlingswohnung. Angefangen von der individuellen Entscheidung, die DDR verlassen zu wollen, bis hin zur gesellschaftlichen Eingliederung in die Bundesrepublik verknüpft die Ausstellung dabei politische Entwicklungen mit persönlichen Erfahrungen der Flüchtlinge.

Anknüpfungspunkte für den Politikunterricht

Gerade weil die *Erinnerungsstätte Notaufnahmelager Marienfelde* einerseits Schauplatz der „Flucht im geteilten Deutschland" war, zugleich aber bis heute auch ein Ort aktueller Migrationsbewegungen und Integrationsbemühungen ist, ermöglicht sie „Lernen am historischen Ort mit aktuellen Bezügen", so eine Selbstdarstellung in den *Informationen für Lehrende* (2015). So eröffnet ein Besuch in der *Erinnerungsstätte* Bezüge zu den Themen Migration (Ursachen, Verläufe und Probleme historischer und gegenwärtiger Wanderungsbewegungen) und Integration (Herausforderungen und Lösungsmöglichkeiten für Migrant_innen wie für die aufnehmende Gesellschaft), zum Thema der Grund- und Freiheitsrechte sowie zur Beziehungsgeschichte der beiden deutschen Staaten zueinander und ihren Rollen im „Kalten Krieg".

Didaktische Angebot der *Erinnerungsstätte*

Da die *Erinnerungsstätte* ein vielgestaltiges und zielgruppenspezifisches didaktisches Angebot macht, kann ein Besuch bereits mit Grundschüler_innen ab der Klasse 4 bis hin zu Oberstufen-Schüler_innen sinnvoll sein.

Für Kinder im Alter zwischen 8 und 12 Jahren wird eine einstündige, dialogische Führung *(Nepomuck und Bärlihupf – Fluchtgeschichten für Kinder)* angeboten. Eine 1,5-2-stündige *Entde-*

ckungsreise durch die Ausstellung bietet 4.-7. Klässler_innen die Gelegenheit, anhand von in der Ausstellung gezeigten Gegenständen selbstständig in Kleingruppen die Geschichten hinter diesen Gegenständen zu erkunden. In Kooperation mit der *Gedenkstätte Berliner Mauer* wird außerdem ein kostenloser Projekttag *Flucht im geteilten Deutschland* für die Klassen 4 bis 7 angeboten, in dem die Schüler_innen an beiden Standorten der Stiftung Geschichten von Teilung und Flucht erforschen und in einem Heft *Spurensicherung* für die Nachbereitung im Unterricht festhalten.

Für Jugendliche der Klassen 8 bis 13 bietet die *Erinnerungsstätte* allgemeine oder themenspezifische Begleitungen durch die Ausstellung von gut einstündiger Dauer an, die neben der inhaltlichen Vermittlung die SuS auch zur selbstständigen Nutzung der Ausstellung befähigen soll. In *Wechselseitigen Führungen* erschließen sich SuS nach einer kurzen Einführung in die Ausstellung arbeitsteilig in Kleingruppen einzelne Themen derselben, um sie dann unmittelbar vor Ort selbst ihren MitSuS zu präsentieren. Im ca. 3-stündigen Format *Lebenswege entdecken* arbeiten die SuS wiederum in Kleingruppen, recherchieren diesmal aber entlang ausgewählter Einzelschicksale in der Ausstellung und der Bibliothek, um sich in der Auswertung verschiedene Fluchtmotive und -verläufe gegenseitig vorzustellen und unterschiedliche Lebensstrategien zu diskutieren. Die selbstständige Entdeckungsreise durch die Ausstellung anhand von Gegenständen wird auch für Jugendliche unter dem Titel *Gegenstände erzählen Geschichte* in 2,5 Stunden angeboten. Ebenso gibt es einen kostenlosen, sechsstündigen Projekttag an beiden Standorten der Stiftung zum Thema *Alltag und Flucht im geteilten Deutschland. Zeitzeug_innen-Gespräche* und *Prüfungsvorbereitungen* (mündliche MSA-Prüfung und 5. Prüfungskomponente im Abitur) runden das reichhaltige didaktische Angebot der *Erinnerungsstätte* für SuS ab.

Die Einbindung des Gedenkstättenbesuches in eine Unterrichtssequenz

Aus Sicht des Politikunterrichts stellen alle in der *Erinnerungsstätte* erforschbaren Themenfelder sinnvolle Anknüpfungspunkte dar, die Themen Migration und Integration sind aber von besonderem Interesse. Bei der Arbeit an diesen Themen ist ein Besuch in der *Erinnerungsstätte* entweder im Einstiegs- oder in der Vertiefungsphase einer Unterrichtssequenz sinnvoll. Im Einstieg kann der Blick auf die deutsch-deutsche Fluchtbewegung aus historischer Perspektive hinleiten zur gegenwärtigen, internationalen Fluchtbewegung und als Vergleichsfolie dienen, um im anschließenden Unterricht in der Schule Gemeinsamkeiten und Unterschiede in den Fluchtmotiven, Fluchtabläufen und Integrationsherausforderungen zu erschließen. Aus den historischen Erfahrungen können möglicherweise „Lehren aus der Geschichte", d.h. Lösungsansätze für heutige Herausforderungen gezogen werden. Interessanter erscheint mir aber ein Besuch in der *Erinnerungsstätte* in der Vertiefungsphase. Nach der Auseinandersetzung mit der aktuellen Situation kann im zweiten Schritt der Horizont auf die historische Erfahrung ausgeweitet werden. Auch dann steht wieder der Vergleichsaspekt und möglicherweise ableitbare „Lehren" aus der Geschichte im Mittelpunkt. Im Idealfall können am Ort der *Erinnerungsstätte* beide Perspektiven verknüpft werden, wenn z.B. eine Begegnung zwischen SuS und Geflüchteten oder Helfer_innen stattfinden kann, die im unmittelbar angrenzenden Wohnheim wohnen oder arbeiten.

Liegt der inhaltliche Fokus der Unterrichtsreihe auf dem Thema Grund- und Freiheitsrechte oder der Beziehungsgeschichte der beiden deutschen Staaten zueinander und ihren Rollen im „Kalten Krieg" so kann ein Besuch in der *Erinnerungsstätte* ein interessantes Element der Informations- bzw. der Analysephase sein.

Die Chancen des Lernortes *Erinnerungsstätte Notaufnahmelager Marienfelde*

In allen didaktischen Angeboten der *Erinnerungsstätte* ist der Aspekt der Handlungsorientierung zentral. In sämtlichen angebotenen Formaten sind die SuS konsequent aufgefordert, sich selbstständig exemplarische Inhalte der Ausstellung forschend-entdeckend zu erschließen, die Ergebnisse ihrer Recherche möglichst unmittelbar vor Ort in der Ausstellung ihren Mitschülern_innen zu präsentieren und sie mit diesen zu diskutieren. So wird die Ausstellung zum aktiven Forschungsfeld und dient nicht bloß zum illustrierenden Rahmen einer rezeptiv-passiven Aufnahme von vorformulierten Inhalten innerhalb einer klassischen Führung. Dass dabei auch schon Schüler_innen der Grundschule als Zielgruppe angesprochen werden, ist ein besonderer Verdienst der Mitarbeiter_innen. In einem temporären Angebot ging die *Erinnerungsstätte* im Sinne der Handlungsorientierung noch einen Schritt weiter: Im Rahmen der Sonderausstellung *Risiko Freiheit* (www.risiko-freiheit.de) konnten SuS 2015 in Form eines selbstproduzierten, 45-minütige Fernsehfeatures sieben „Blanko-Szenen" innerhalb eines einrahmenden Drehbuchs gestalten und sich in dieser kreativen Form entlang eines realen Falls mit dem Thema Fluchthilfe intensiv auseinandersetzen.

Fächerverbindender Unterricht, welcher die Fächer Politik und Geschichte verknüpft, ist mit Hilfe der *Erinnerungsstätte* zu den Themen Migration und Integration gut möglich, wobei der aktuelle politische Aspekt im rahmenden schulischen Unterricht ergänzt werden muss.

Die Teilnahme an einem der didaktischen Angebote in der *Erinnerungsstätte* fordert und fördert in jedem Fall auch die methodischen Fähigkeiten der SuS, vor allem in der Erschließung von Primärquellen und im Format der wechselseitigen Führungen. In der Präsentation ihrer Ergebnisse in der Ausstellung werden die SuS inhaltlich zu Expert_innen ihres Themenfeldes und methodisch zu Expert_innen der Erschließung von Primärquellen in einem Museum.

Die Ausstellung bietet verschiedenen Lernkanälen unterschiedliche Zugänge an, da sie mit verschiedenen Quellengattungen (Text-, Hör-, Film- und gegenständliche Quellen, private Alltags- oder offizielle Verwaltungsgegenstände bis hin zu Kunstwerken) und Darbietungsformen (Vitrinen, Hör- und Videostationen, Abstufung in Kern- und vertiefende Informationen, hierarchische Strukturierung in Raum-, Kapitel- und Objekttexte) arbeitet. Auch die häufig angebotene biographische Perspektive ermöglicht mittels des Prinzips der Personalisierung den SuS anschauliche und z. T. auch emotionale Zugänge. Neben der aktiven Erforschung und den biographischen Zugängen kann das Arbeiten am authentischen Ort mit Originalquellen im Sinne der vieldiskutierten Aura des Ortes eine besondere Wirkung entfalten und eine weitere Motivation für die SuS darstellen.

Die Grenzen des Lernortes *Erinnerungsstätte Notaufnahmelager Marienfelde*

Die inhaltliche Schwerpunktsetzung der Ausstellung in der *Erinnerungsstätte* auf die Flucht im geteilten Deutschland zwischen 1953 und 1990 birgt ohne eine politikdidaktische Einordnung die „Gefahr" von einem Politikunterricht im engeren Sinne auf einen Geschichtsunterricht im engeren Sinne auszuweichen.

Die Übertragbarkeit der Idee auf andere Orte und Themen

Vor allem das Format der wechselseitigen Führung, für die sich SuS arbeitsteilig in ein abgegrenztes Thema in einem überschaubaren Raum einer Ausstellung einarbeiten, um ihre Ergebnisse in genau diesem Raum ihren Mitschüler_innen unter Einbezug der Ausstellungsgegenstände und -texte vorzustellen, ist eine Erschließungs- und zugleich Präsentationsmethode, die ein hohes Aktivierungspotential sowie eine motivierende Verbindlichkeit bietet und als Methode grundsätzlich auf alle Ausstellungen übertragbar ist, die in einem „Baukastensystem" gegliedert sind.

Die „Aura" eines Geschichtsortes kann sich stets an Originalschauplätzen entfalten. Weitere Lernorte an Originalschauplätzen in Berlin zum Thema DDR-Geschichte sind das Stasi-Museum im Haus 1 auf dem ehemaligen Gelände der Zentrale des Ministeriums für Staatssicherheit (MfS) der DDR in der Normannenstraße in Berlin Lichtenberg (http://www.stasi-museum.de/)

und die Gedenkstätte Berlin Hohenschönhausen (http://www.stiftung-hsh.de/). Dem Bundesbeauftragen für die Unterlagen des Staatssicherheitsdienstes der ehemaligen Deutschen Demokratischen Republik (BStU) untersteht ein Bildungszentrum in Berlin sowie zwölf Außenstellen in den östlichen Bundesländern (http://www.bstu.bund.de).

Auch die Arbeit mit Zeitzeug_innen werden an vielen authentischen Geschichtsorten angeboten. So sehr sie individuelle Sichtweisen präsentieren und dem Kontroversitätsgebot zuwider laufen und genau daher sorgfältig unterrichtlich eingerahmt werden müssen, so gut sind sie häufig in der Lage, persönliche und berührende Zugänge zu schaffen.

Europa und ich? – Recherche und Planspiel in der multimedialen Ausstellung *Erlebnis Europa* ab Klasse 9

Die multimediale *Erlebnis Europa*- Ausstellung

Seit Mai 2016 bietet die multimediale Ausstellung *Erlebnis Europa* (www.erlebnis-europa.de) im Europäischen Haus in Berlin Einblicke in die Geschichte und die gegenwärtige Arbeit der Europäischen Union sowie in das Alltagsleben der EU-Bürger_innen. Träger und Finanzier der Ausstellung sind das Informationsbüro des Europäischen Parlaments und die Vertretung der Europäischen Kommission in Deutschland. Der Ausstellungsbereich gliedert sich in neun Themenbereiche und ein 360°-Kino: Einführend informieren die beiden Medieneinheiten *In Vielfalt geeint* und *Europa im Alltag* über europäische Projekte sowie Geschichten von EU-Bürger_innen, die vom Einfluss der EU auf ihr Leben berichten. Diesem einführenden Abschnitt folgt ein zweiter Bereich, der über die Geschichte, die Institutionen und die Parlamentarier der EU informiert. An der Wand-Medienstation *Etappen der Erweiterung* werden die Etappen der EU-Erweiterung, angereichert mit statistischen Informationen über die jeweiligen Mitgliedsstaaten, visualisiert. Der Medientisch *So funktioniert Europa* erklärt mithilfe dreier Touchbildschirme die Funktion und Interaktion der drei großen europäischen Institutionen, dem Europäischen Parlament, der Europäischen Kommission und dem Rat der Europäischen Gemeinschaft. Der Medientisch *Meilensteine* gibt Auskunft über die Geschichte der Europäischen Kommission und ihre Arbeit. Alle Europaabgeordneten werden an der Wand-Medienstation *Ihre 751 EU-Abgeordneten* vorgestellt. Informationen über jede_n Abgeordnete_n und eine Videobotschaft jedes_r Abgeordneten sind hier abrufbar, außerdem können direkt E-Mails an sie versandt werden. An der folgenden Wand-Medienstation *Ihre 28 EU-Kommissare* werden dieselben Angebote zu den EU-Kommissaren gemacht. Der Medientisch *Entdecke Europa* offeriert verschiedene Spiele für Jugendliche sowie Facebook und Twitter-Feeds des Informationsbüros des Europäischen Parlaments und der Vertretung der Europäischen Kommission in Deutschland. An der Station *Mach ein Foto!* ist es möglich, sich vor europäischen Motiven fotografieren und sich diese Fotos per E-Mail schicken zu lassen.

Im 360°-Kino *Das Parlament in 360°* lässt sich von 33 Sitzplätzen aus mittels eines 15-minütigen Panoramafilms eine Plenarsitzung im Europäischen Parlament verfolgen, wobei die Besucher_innen seine wichtigsten Akteur_innen kennenlernen.

Didaktische Angebote

Neben dem Ausstellungsbesuch bietet das *Erlebnis Europa* nach vorheriger Anmeldung auch die Durchführung eines 45-minütigen Planspiels an, in dem die Teilnehmer_innen in den Rollen von Mitgliedern des Europäischen Parlaments sowie der Europäischen Kommission an einer fiktiven Plenarsitzung teilnehmen. Auch einstündige Vorträge über die EU sind buchbar. Diese Angebote sind ebenso wie der Eintritt in die Ausstellung kostenfrei.

Anknüpfungspunkte für den Politikunterricht

Aufgrund der Fülle an medial abrufbaren Informationen an den Medieneinheiten eignet sich ein Besuch der Ausstellung grundsätzlich bei allen Unterrichtssequenzen zum Themenfeld Europa und EU.

Die Einbindung des Ausstellungsbesuches in eine Unterrichtssequenz

Ein Ausstellungsbesuch bietet sich in erster Linie in der einführenden Informationsphase einer Unterrichtssequenz an. Die verschiedenen Medienstationen offerieren dazu eine Fülle von anschaulich aufbereiteten und schnell verfügbaren Informationen.

Die Teilnahme an dem Planspiel kann in handlungsorientierter Form als Teil der Informationsphase Entscheidungsabläufe in der EU verdeutlichen. Ein Vortrag kann bei einer allgemeinen Fragestellung einführenden Überblickscharakter haben oder bei einer spezifischen Fragestellung auch Teil einer Analysephase (bspw. zur Flüchtlingspolitik der EU) sein.

Die Chancen des Lernortes *Erlebnis Europa*

Die multimediale (und damit für medienaffine, aber textmüde SuS attraktive) Aufbereitung vielfältiger und schnell abrufbarer Informationen ist eine Chance des Lernortes. Vergleichbar mit einer Computerrecherche können die SuS an den zahlreichen Medienstationen gezielt Informationen abfragen. Bei arbeitsteiligen Aufgaben ist die wechselseitige Präsentation der Ergebnisse seitens der SuS unter Umständen bereits in der Ausstellung unter Einbeziehung der Medienstationen möglich. Der 15-minütige Film präsentiert im 360°-Kino verspricht ein „Eintauchen" in die Welt der EU-Parlamentarier und ist ein auf dem neusten Stand der Filmtechnik erstelltes Medium, das einen leichten Zugang zur Thematik anbietet. Das angebotene Planspiel ermöglicht eine handlungs- und erlebnisorientierte Erschließung der politischen Arbeit der EU-Institutionen.

Die Grenzen des Lernortes *Erlebnis Europa*

Die Kehrseite der in Fülle bereitgestellten und je nach Interesse abrufbaren Informationen ist die geringe didaktische Reduktion der Ausstellung. Dieser kann SuS leicht zu einem nur flüchtigen Tippen an Medienstationen und damit zum nur oberflächlichen Konsumieren der angebotenen Informationen ohne einen tatsächlichen und nachhaltigen Lernertrag verleiten, sofern diese ohne ein spezielles Rechercheinteresse die Ausstellung besuchen. Zu einem ebensolchen „Konsumieren" kann auch der Film im Kino verführen. Hier ist die Lehrkraft gefordert in dem, dem Besuch vorausgehenden Unterricht, eine Fragehaltung bei den SuS zu wecken bzw. konkrete Arbeitsaufträge zu vergeben und die Sicherung von Erkenntnissen einzufordern. Das in zwei Varianten angebotene Quiz kann diese Vorbereitungsarbeit der Lehrkraft nicht ersetzen, da es zwar zum Gebrauch vieler Medienstationen und zum Erlangen von isolierten Informationshäppchen führt, allerdings nicht zu einem vertieften und verknüpften Deutungswissen.

Zudem ist angesichts des Trägers der Ausstellung, dem Informationsbüro des Europäischen Parlaments und der Vertretung der Europäischen Kommission in Deutschland eine kontroverse Darstellung der EU und ihrer Politik nicht wahrscheinlich. Also ist die Lehrkraft im Sinne des Kontroversitätsgebotes gefordert, die Erarbeitung fehlender Perspektiven im folgenden Unterricht zu ermöglichen.

Anmerkungen

1 Die hier vorgestellte Variante außerschulischen Lernens und seine Einbindung in den schulischen Politikunterricht basiert auf den Ideen einer Studierendengruppe. Ich danke ausdrücklich Theresa Rottmann, Lena Sauer, Paul Schulz und Steffen Zorn, die mir Ihre Ideen aus unserem Seminar „Außerschulische Lernorte im Politikunterricht" im WS 2015/16 freigiebig zur Verfügung stellten.

2 Die hier vorgestellte Variante außerschulischen Lernens und seine Einbindung in den schulischen Politikunterricht basiert auf den Ideen einer Studierendengruppe. Ich danke ausdrücklich Imke Augustin, Lea Gossen, Jakob Hetzelein, Carla Kiwit, Jan Peters, Laurens Wagner und Claudia Zink, die mir Ihre Ideen aus unserem Seminar „Außerschulische Lernorte im Politikunterricht" im SoSe 2015 freigiebig zur Verfügung stellten.

3 Die Überlegungen dieses Kapitels beruhen auf den Ideen und Erfahrungen des gemeinsam mit Astrid Petzoldt, Theaterpädagogin am *Gorki Theater*, geleiteten Hauptseminars *Theater und Politikunterricht* im SoSe 2016, das sich die Auseinandersetzung mit *The Situation* zur Aufgabe gemacht hat.

7. RAUS AUS DEM KLASSENZIMMER! REIN IN DIE WELT!

Wer kann eine stärkere Integration des außerschulischen Lernens im Politikunterricht unterstützen?

Warum klafft aber eine Lücke zwischen den auch für den Politikunterricht vielfältigen Angeboten außerschulischer Lernorte und der bisher, im Vergleich zu Fächern wie Geschichte, Erdkunde oder auch Biologie, selteneren Integration dieser in den Politikunterricht? Wer oder was hindert Politiklehrkräfte außerschulische Lernorte in ihren Unterricht einzubeziehen?

Eine – nicht repräsentative – Umfrage Berliner Politikstudierender unter praktizierenden Politiklehrkräften brachte im Wesentlichen vier „Hürden“ ans Licht:

- der finanzielle Aufwand (Eintrittsgelder und Fahrtkosten),
- die engen schul-strukturellen Grenzen (90-Minuten-Taktung, Fachlehrerprinzip, Prüfungszeiträume),
- der Vor- und Nachbereitungsaufwand für die einzelne Lehrkraft und
- die geringen Zeitressourcen angesichts inhaltlich überladener Lehrpläne.

Wer kann also was tun, diese Hürden abzubauen, damit außerschulische Lernorte zukünftig vermehrt den Politikunterricht bereichern?

- Schüler_innen können das Engagement und den „Mut“ ihrer Lehrkräfte durch ihr bereitwilliges Einlassen auf Neues honorieren.
- Die Lehrkräfte selbst können Erfahrungen und Materialien zu außerschulischen Lernorten untereinander austauschen, um

auch ihrerseits den Aufwand der Vor- und Nachbereitung zu verringern.

- Für die Schulorganisation zuständige Kolleg_innen können durch die Einrichtung von Blockunterricht, Projektphasen oder -wochen enge Zeittaktungen aufheben und außerschulisches Lernen damit erheblich erleichtern.
- Träger außerschulischer Lernorte können weiterhin oder verstärkt Wege zur Verminderung oder Streichung von Eintrittskosten suchen.
- Die Mitarbeiter_innen außerschulischer Lernorte können, sofern es ihre Ressourcen zulassen, einerseits weiterhin Material zur Erkundung ihrer Lernorte und andererseits vermehrt auch Materialien zur unterrichtlichen Einbettung, also zur Vor- und Nachbereitung der Exkursion, anbieten. Die Inhalte und Chancen ihres Lernortes kennen sie genau und weitaus besser als die Lehrkräfte. Vor- und nachbereitende Materialien, welche die Vorgaben der jeweils maßgeblichen Lehrplanvorgaben berücksichtigen, bilden eine wertvolle Unterstützung der Lehrkräfte. Im Idealfall werden diese Materialien in digitalisierter Weise angeboten, sodass die Lehrkräfte die Gelegenheit haben, diese an ihre spezifische Lerngruppe anzupassen.
- Lehrplanmacher_innen können mit einer inhaltlichen Entschlackung der Lehrpläne freiere Zeitkontingente – u.a. zum außerschulischen Lernen – zur Verfügung stellen.
- Didaktiker_innen können mit empirischer Forschung zur Wirksamkeit außerschulischen Lernens die Diskussion um erfahrungsbasierte Argumente bereichern. Und sie können angehende Politiklehrkräfte die Unkenntnis oder Scheu vor außerschulischen Lernorten nehmen, wenn sie deren Erprobung bereits in die Ausbildung der Studierenden integrieren.

Auf dass es häufiger heißt: „Raus aus dem Klassenzimmer! Rein in die Welt!“

8. LITERATURVERZEICHNIS

Ackermann, Paul (1988): Politisches Lernen vor Ort. Außerschulische Lernorte im Politikunterricht, Stuttgart.

Baltzer, Nadine/**Ristau,** Yan/**Schröder,** Achim (2014): Wie politische Bildung wirkt. Wirkungsstudie zur biographischen Nachhaltigkeit politischer Jugendbildung, Schwalbach/Ts.

Becker, Franz Josef E. (1988): Erkundung und Befragung als Methode der politischen Bildung. In: BpB (Hrsg.): Erfahrungsorientierte Methoden der politischen Bildung, Bonn, S. 97-131

Böhn, D. (Hrsg.) (1999): Didaktik der Geographie – Begriffe, München.

Buchstein, Hubertus (2002): Das Bild des Bürgers in der politikwissenschaftlichen Theorie und in der politischen Praxis, in: Breit, Gotthard/Buchstein, Hubertus (Hrsg.): Die Rückkehr des Bürgers in die politische Bildung, Schwalbach/Ts., S. 28-55.

Brehm, Thomas (2012): Besondere Anforderungen an die Didaktik am außerschulischen Lernort Museum, in: Außerschulisches Lernen vor Ort. Museen, Archive, Exkursionen in Nürnberg. Hrsg. von der Stadt Nürnberg, Oktober 2012, S. 22-31.

Burg, Karlheinz/**Rauterberg,** Marcus/**Schönknecht,** Gudrun (Hrsg.) (2008): Schule außerhalb der Schule, Lehren und Lernen an außerschulischen Orten (=Beiträge zur Reform der Grundschule, Band 125)

Ciupke, Paul (2014): Reisend lernen: Studienreise und Exkursion, in: Sander, Wolfgang (Hrsg.): Handbuch politische Bildung, Schwalbach/Ts., S. 501-509.

Czech, Alfred/**Kirmeier,** Josef/**Sgoff,** Brigitte (2014): Museumspädagogik, Ein Handbuch, Grundlagen und Hilfen für die Praxis, Schwalbach/Ts.

Detjen, Joachim (2014): Erkundungen und Sozialstudien, in: Frech, Siegfried et.al. (Hrsg.): Methodentraining für den Politikunterricht I, Schwalbach/Ts., S. 195-225.

Detjen, Joachim (2014): Forschend lernen: Recherche, Interview, Expertenbefragung, in: Wolfgang Sander (Hrsg.): Handbuch politische Bildung, Schwalbach/Ts., S. 493-500.

Fritzsche, Marc (2010): Museum, in: Besand, Anja/Sander, Wolfgang (Hrsg.): Handbuch Medien in der politischen Bildung, Schwalbach/Ts., S. 310-319.

Görtemaker, Manfred (2004): Orte der Demokratie in Berlin, Ein historisch-politischer Wegweiser, Berlin.

Goll, Thomas (2007): Außerschulisches Lernen, in: Reinhardt, Volker (Hrsg.) (2007): Forschung und Bildungsbedingungen. (Basiswissen Politische Bildung. Handbuch für den sozialwissenschaftichen Unterricht, 4), Baltmansweiler, S. 205-214.

Grillmeyer, Siegfried/**Wirtz,** Peter (Hrsg.) (2006): Ortstermine 1, Politisches Lernen am historischen Ort, Schwalbach/Ts.

Grillmeyer, Siegfried/**Wirtz,** Peter (Hrsg.) (2008): Ortstermine 2, Politisches Lernen am historischen Ort, Schwalbach/Ts.

Haug, Verena/**Schellenberg,** Martin (2010): Gedenkstätten, in: Besand, Anja/Sander, Wolfgang (Hrsg.): Handbuch Medien in der politischen Bildung, Schwalbach/Ts., S. 213-222.

Honold, Alexander (2003): „Afrikanisches Viertel. Straßennamen als kolonialer Gedächtnisraum". In: Birte Kundrus (Hrsg.): Phantasiereiche. Zur Kulturgeschichte des deutschen Kolonialismus, Frankfurt/M./New York, S. 305-321.

Juchler, Ingo (2013): Außerschulische politische Lernorte in interdisziplinären Projekten am Beispiel des Bundesfinanzministeriums, in: Juchler, Ingo (Hrsg.): Projekte in der politischen Bildung, Bonn, S. 217-230.

Kaiser, Franz-Josef/**Kaminski,** Hans (1999): Methodik des Ökonomie-Unterrichts, Bad Heilbrunn.

Karpa, Dietrich (2015): Kooperation will gelernt sein – Ein Interview mit Prof. Dr. Bernd Overwien zur Bedeutung außerschulischer Lernorte in Schule und Lehrerbildung, in: Karpa, Dietrich/Overwien, Bernd/Plessow, Oliver (Hrsg.) (2015): Außerschulische Lernorte in der politischen und historischen Bildung, Reihe: Erfahrungsorientierter Politikunterricht, Band 8, Immenhausen, S. 10-16.

Karpa, Dietrich/**Lübbecke,** Gwendolin/**Adam,** Bastian (Hrsg.) (2015): Außerschulische Lernorte, Theorie, Praxis und Erforschung außerschulischer Lerngelegenheiten, Reihe: Theorie und Praxis der Schulpädagogik, Bd. 31, Immenhausen.

Karpa, Dietrich/**Lübbecke,** Gwendolin/**Adam,** Bastian (2015): Außerschulische Lernorte – Theoretische Grundlagen und praktische Beispiele, in: Karpa, Dietrich/Lübbecke, Gwendolin/Adam, Bastian (Hrsg.) (2015): Außerschulische Lernorte, Theorie, Praxis und Erforschung außerschulischer Lerngelegenheiten, Reihe: Theorie und Praxis der Schulpädagogik, Bd. 31, Immenhausen, S. 11-27.

Karpa, Dietrich/**Overwien,** Bernd/**Plessow,** Oliver (Hrsg.) (2015): Außerschulische Lernorte in der politischen und historischen Bildung, Reihe: Erfahrungsorientierter Politikunterricht, Band 8, Immenhausen.

Karpa, Dietrich/**Overwien,** Bernd/**Plessow,** Oliver (2015): Zur Einführung, in: Karpa, Dietrich/Overwien, Bernd/Plessow, Oliver (Hrsg.) (2015): Außerschulische Lernorte in der politischen und historischen Bildung, Reihe: Erfahrungsorientierter Politikunterricht, Band 8, Immenhausen, S. 7f.

Massing, Peter (2010): Institutionen, in: Besand, Anja/Sander, Wolfgang (Hrsg.): Handbuch Medien in der politischen Bildung, Schwalbach/Ts., S. 225-235.

Meseth, Wolfgang (2008): Schulisches und außerschulisches Lernen im Vergleich, in: kursiv, Journal für politische Bildung, Heft 1/2008, S. 74-83.

Messmer, Kurt/**von Niederhäusern,** Raffael/**Rempfler** Armin/**Wilhelm,** Markus (Hrsg.) (2011): Außerschulische Lernorte – Positionen aus Geographie, Geschichte und Naturwissenschaften, Münster.

Meyer, Hilpert (1994): Unterrichtsmethoden II: Praxisband, Frankfurt/M.

Moegling, Klaus/**Brandt,** Theresia (2015): Zwischen Ökonomie und Ökologie. Der Konflikt um die Salzlaugenentsorgung von Kali+Salz – ein fächerübergreifender Unterrichtsversuch an einem außerschulischen Lernort, in: Karpa, Dietrich/Overwien, Bernd/Plessow, Oliver (Hrsg.) (2015): Außerschulische Lernorte in der politischen und historischen Bildung, Reihe: Erfahrungsorientierter Politikunterricht, Band 8, Immenhausen, S. 109-123.

Munzinger, Paul (2016): Wie das Afrikanische Viertel von der Kolonialzeit befreit werden soll, in: Süddeutsche Zeitung, http://www.sueddeutsche.de/leben/kolonialgeschichte-wisst-ihr-wie-mohrenstrasse-in-unseren-ohren-klingt-1.3134151-2 (Zugriff. 04.02.2017)

Plessow, Oliver (2015): „Außerschulisch" – zur Bedeutung eines Begriffs aus geschichtsdidaktischer Sicht, in: Karpa, Dietrich/Overwien, Bernd/Plessow, Oliver (Hrsg.) (2015): Außerschulische Lernorte in der politischen und historischen Bildung, Reihe: Erfahrungsorientierter Politikunterricht, Band 8, Immenhausen, S. 17-32.

Plessow, Oliver (2014): Vom Rand in die Mitte der Disziplin: historisches Lernen in der non-formalen beziehungsweise „außerschulischen" Jugendbildung und sein Stellenwert in der Geschichtsdidaktik, in: Arand, T./Seidenfuß, M. (Hrsg.): Neue Wege – neue Themen – neue Methoden? Ein Querschnitt aus der geschichtsdidaktischen Forschung des wissenschaftlichen Nachwuchses, Göttingen, S. 135-152.

Pohl, Karl Heinrich (2013): Der kritische Museumsführer, Neun Historische Museen im Fokus, Schwalbach/Ts.

Pleitner, Berit. (2012): Außerschulische Lernorte, in: Barricelli, Michele./Lücke, Martin (Hrsg.): Handbuch Praxis des Geschichtsunterrichts, Bd. 2, Schwalbach/Ts., S. 290-307 (Bd. 2).

Rathenow, Hanns-Fred (1988): Die Erkundung, in: Northemann, Wolfgang (Hrsg.): Politisch-gesellschaftlicher Unterricht in der Bundesrepublik, Opladen, S. 91-99.

von Reeken, D. (2001): Politisches Lernen im Sachunterricht, Didaktische Grundlegungen und unterrichtspraktische Hinweise, Baltmannsweiler.

Sauerborn, Petra/**Brühne,** Thomas (2014): Didaktik des außerschulischen Lernens, Hohengehren.

Schlichting, Julia K. (2006): Exkursionen im Politikunterricht. Eine empirische Untersuchung didaktischer und methodischer Aspekte des außerschulischen Lernortes im gymnasialen Oberstufenunterricht (POLITICA-Schriftenreihe zur politischen Wissenschaft, Bd. 68, Hamburg.

Schockemöhle, Johanna (2008): Außerschulisches regionales Lernen als Bildungsstrategie für eine nachhaltige Entwicklung. Entwicklung und Evaluation des Konzeptes „Regionales Lernen 21", Weingarten.

Seele, Katrin (2015): „Click an Go" – Integrierte Medienbildung an außerschulischen Lernorten mit mobilen Endgeräten, in: Karpa, Dietrich/Lübbecke, Gwendolin/Adam, Bastian (Hrsg.) (2015): Außerschulische Lernorte, Theorie, Praxis und Erforschung außerschulischer Lerngelegenheiten, Reihe: Theorie und Praxis der Schulpädagogik, Bd. 31, Immenhausen, S. 206-219.

Simon, Toni (2015): Vortrag: Lernen an außerschulischen Lernorten, Bedeutung, Ansprüche und Aktualität unter besonderer Berücksichtigung zeitgeschichtlichen Lernens in der (Grund-)Schule, abrufbar unter: https://kindzeit.hypotheses.org/category/vortraege-der-tagung, Zugriff am 9.9.2016

Staatsinstitut für Schulpädagogik und Bildungsforschung (Hrsg.) (1999): Geschichte vor Ort, Anregungen für den Unterricht an außerschulischen Lernorten, Donauwörth.

Thomas, Bernd (2009): Lernorte außerhalb der Schule, in: Arnold, K.-H./Sandfuchs, U./Wiechmann, J. (Hrsg.) (2009): Handbuch Unterricht, Bad Heilbrunn, S. 283-287.

Weißeno, Georg (2012): Dimensionen der Politikkompetenz, in: Weißeno, Georg/ Buchstein, Hubertus (Hrsg.): Politisch Handeln, Modelle, Möglichkeiten, Kompetenzen, Bonn, S. 156-177.

Wirtz, Peter (2006): Ikonologie der Architektur und politische Bildung, in: Grillmeyer, Siegfried/Wirtz Peter (Hrsg.) (2006): Ortstermine 1, Politisches Lernen am historischen Ort, Schwalbach/Ts., S. 23-34.

Witt, Dirk (2013): Lernen vor Ort, Ideen und Materialien für Unterrichtsgänge in Geschichte und Politik, Mühlheim an der Ruhr.

Zankel, Sönke (2012): Schüler als Sozialforscher, Schülereinstellungen zur Demokratie, in: polis 1/2012, S. 21-24.